# 高职大学生人文素养教育实践和探索

平若媛　李明　编著

清华大学出版社
北　京

## 内容简介

高职教育要服务于学生的全面发展，关注学生的全面素质，包括思想品德素质、文化素质与身心素质，关心学生的人格成长。本书为北京市高职大学生人文知识竞赛中各参赛学校历年来在“文化育人”方面的理论思考和指导经验的实践探索成果。本书包括上、下两篇，上篇为理论探索篇，是各参赛高职院校指导教师在人文素养教育方面的理论探索；下篇为经验总结篇，是各参赛高职院校参赛经验的总结和部分学生感悟。

本书可作为高职院校开展文化素养教育的参考书，也可作为高职院校参加人文竞赛的学习指导书。



**图书在版编目(CIP)数据**

高职大学生人文素养教育实践和探索/平若媛，李明编著. —北京：清华大学出版社，2020.12
ISBN 978-7-302-55769-2

Ⅰ. ①高… Ⅱ. ①平… ②李… Ⅲ. ①人文素质教育—教学研究—高等职业教育 Ⅳ. ①G40-012

中国版本图书馆 CIP 数据核字(2020)第 105566 号

**责任编辑**：张　弛
**封面设计**：何凤霞
**责任校对**：李　梅
**责任印制**：丛怀宇

**出版发行**：清华大学出版社
**网　　址**：http://www.tup.com.cn，http://www.wqbook.com
**地　　址**：北京清华大学学研大厦 A 座　**邮　　编**：100084
**社 总 机**：010-62770175　**邮　　购**：010-62786544
**投稿与读者服务**：010-62776969，c-service@tup.tsinghua.edu.cn
**质量反馈**：010-62772015，zhiliang@tup.tsinghua.edu.cn
**印 装 者**：北京建宏印刷有限公司
**经　　销**：全国新华书店
**开　　本**：170mm×230mm　**印　　张**：10.25　**字　　数**：185 千字
**版　　次**：2020 年 12 月第 1 版　**印　　次**：2020 年 12 月第 1 次印刷
**定　　价**：69.00 元

---

产品编号：068515-01

# 序　言

高职教育是我国改革开放后，为适应国家经济转型升级而探索出的一种新的高等教育类型，为我国经济社会发展提供了有力的人才和智力支撑。从规模看，我国高职院校占据高等教育的半壁江山。到 2015 年，全国独立设置的高职院校已有 1300 多所，在校生 1049 万人。《国家教育事业发展“十三五”规划》中明确提出要进一步加快发展现代职业教育。

高等职业教育要体现“职业性”“教育性”“高等性”。所谓“职业性”，是指高职教育要以职业为直接导向，与普通高等教育不同；所谓“教育性”，是指高职教育不同于职业培训，它仍然属于教育事业，要服务于学生的全面发展，关注学生的全面素质，包括思想品德素质、文化素质与身心素质，关心学生的人格成长；所谓“高等性”，是相对于中等职业教育而言的高职教育所应具有的高等属性。

2015 年，教育部颁发的《职业院校管理水平提升行动计划（2015—2018年）》中明确提出，职业院校要开展“文化育人创新”行动。高职院校文化素质教育，习惯称作“职业人文教育”。职业人文教育是为适应高职实际而提出的教育理念，目标是培养具有优秀职业素养的人才。为了培养职业人文素养，要充分挖掘职业的文化内涵。职业是一个复杂的综合体，包含丰富的文化内涵，具有社会性、道德性、使命性三种人文属性。[①]

第一，社会性。人们生活在高度分工的社会中，必须从事为他人服务的劳动，为社会提供产品和服务，这是职业存在的基础。第二，道德性。职业不仅是谋生之途径，还是人与人之间进行社会交往的重要纽带，因此具有强烈的伦理道德特性。职业人不仅要掌握一门技能，同时职业人的行为还要符合职业伦理道德的规范。第三，使命性。人生在世，离不开对人生意义的追求，这是生活中最重要的动力。职业不仅仅是谋生之道，还是人们在职业中实现人生意义、实现自我价值的最为重要的途径。总之，职业的内涵非常丰富，它所包含的社会性、道德性、使命性，均不可能是单纯通过技术教育所能完成的，要实现这些目标，需要大力开展文化素质教育。

---

① 参见：魏启晋《职业人文主义：高等职业教育的价值诉求》。原文将人文属性分为四性，表述略为不同。

2009年，北京市财贸职业学院积极参与北京市大学生人文知识竞赛。从2010年开始，独立组织高职组竞赛，并得到北京市20余所高职院校的积极响应。迄今为止，已经独立组织了六届北京市大学生人文知识竞赛(高职组)，每年都有20余所院校参加。规模之大，覆盖面之广，在全国高职院校中首屈一指。

下面，我谈谈阅读本书之后的几点感受与认知。

## 竞赛：人文教育的实践环节

实践教育，在高职院校通常称作实训，是非常重要的环节。高职人文教育是否应当有实训，是个被忽略的论题。

在职业院校中，学生学习大学语文的兴趣与动力不足，这是普遍存在的问题。如何立足现有的生源，结合本校职业特点，进行提升学生兴趣的教学改革？

北京戏曲职业学院的教师没有将责任推给学生，而是从教学方面寻找现有教学模式的不足。他们的结论是：学生学习兴趣不高的原因应归结为实训教学的不足。先不论这条结论是否具有普适性，这种态度本身很值得提倡，因为它立足实际，提出了一种解决问题的方案。

如何改进实训，突破口何在？他们的结论是，人文知识竞赛是大学语文实训教改的突破口。他们从2012年竞赛中总结出一条经验：要将“实训教学充分融入大学语文的平常教学中，通过听、说、读、写各种方式，帮助学生揣摩作品的深刻内涵，在此基础之上演绎作品内容，进行‘第二次’创作”。

2013年，他们第二次参赛。在人文演绎环节中，学生自己选择用艺术形式来演绎张若虚的《春江花月夜》。

“决赛的舞台上，音乐系学生用琵琶来演奏中国古典民乐之代表曲目《春江花月夜》，伴随着美妙的音乐声，有一妙龄女子轻挥长袖，翩翩起舞，这是舞蹈系学生用古典舞的形式再现了‘可怜楼上月徘徊，应照离人妆镜台’的相思之情。接着，影视系学生从低声喃语到慷慨激昂地朗诵了诗歌，戏曲系学生则用京剧演唱了诗歌的部分内容。舞台的一角，舞美系学生没有丝毫懈怠，挥毫泼墨‘春江花月夜’五个大字。最终整个表演把诗歌、音乐、舞蹈、朗诵、书法五种艺术形式融为一体，完美抒发了真挚动人的离情别绪及富有哲理意味的人生感慨。”

“其中尤为值得一提的是，京剧唱腔部分来自戏曲系学生的原创。舞台上同学们的古典演出服装是由舞美系服装专业学生设计的，古代人物的面部妆容也是由舞美系人物造型专业的学生设计并上妆的。”

我在现场观看这场戏曲职业学院的人文演绎，真可谓美轮美奂，营造出一种富丽堂皇的意境，令人叹服。这使我回忆起2000年清华大学第一届大学生人文知识竞赛决赛，人文演绎的主题也是《春江花月夜》。闻一多先生说，这首诗是"诗中的诗、顶峰上的顶峰"。这首诗再配上《夕阳箫鼓》等背景音乐，很容易使人产生以一种缓慢推进的步调，一步步唤醒生命冲动的气感与意境。清华同学的演绎在内容方面水平较高，但毕竟没有艺术科班人才参加，其艺术表现力存在着不足。在十多年后，艺术科班出身的同学，以优美的表现力，自由奔放地舒展生命的冲动，是一种纯粹的艺术美感，令人震撼。对我来说，重温《春江花月夜》的演绎过程，真是意外的惊喜。比赛限五人参赛，使得人文演绎透露出简洁与纯真的色调，明显不同于大型歌舞节目的繁华与排场之美。

同学们陶醉于表演之中，体现着一种"非功利"的自由追求。这里的"非功利"一词，借自康德美学所说的"非功利"的自由追求。因为按照竞赛规则，知识测试大致决定了比赛结果。戏曲职业学院的同学们在知识测试环节并不占优势，人文演绎的优异表现并不能对竞赛结果有根本性改变，但这似乎一点儿也没有影响同学们的艺术表现欲，他们不是为了分数，而是为了证明自己的艺术表现力。此时此刻，他们的确进入了"非功利"的自由境界。

## 舞台感：通过竞赛培养同学的自信心

由于考试制度的原因，高职学生相对来说比较缺乏自信，也相对缺乏实现生命价值、向前奋斗的动力。如何进行这方面的教育，各所学校都进行了多种探索。这里我们想说的是，人文教育的实践环节也有助于同学们自信心的成长。

这本书的第二部分，收录的就是学生的收获与感言。阅读之后，我有这么一个印象：竞赛给学生留下最深刻印象的是"人文演绎"环节。舞台不仅是竞赛场地，还是培养同学们自信心的重要平台。[①] 这证明了，"人文演绎"环节以其舞台表现的方式，具有很强的表现力与竞争性，它为所有参与者提供了主动学习、强力表现自我的空间，从效果上看，对同学们是极大的锻炼。这方面材料比较多，我们选择两篇文章来看学生的感受。

北京财贸职业学院刘程程同学说：

"那段时间我们像疯子一样和时间赛跑，因为我们知道，在有限的时间里，我们要完成很多任务，理论（指知识测试）是我们每天都会重复学习与巩固的，可是比赛不仅有理论还有实践就是才艺展示（指人文演绎）。今年我们选择的题目是'昭君出塞'，为此，学校还给我们找了导演。导演很辛苦，每周抽时间过来陪练

① 必须指出，竞赛决赛的舞台，音响灯光俱全，还有超大面积的LED屏，还得有专业舞台监督，使用舞台的成本比较昂贵。

剧本，让我们每个人重复练习表情、动作、语言，然后根据情况给我们分配角色。我们每天的任务量很大，除了要重复排练，我们五个人还要一起改剧本，增加舞台效果。”

“疯子”一词用得好，如果我们所有的同学都能在学习期间经常沉浸在“疯子”状态之中，他们一定会学有所得。

“参加人文知识比赛，一方面丰富了我的阅历，提高了自己思考问题的能力，学会了把理论与实践相结合；另一方面也学会了团队合作，我们彼此互相理解支持，互帮互助，这是最重要的，因为我们是为一支团队而战。参加人文知识比赛也让自己得到了锻炼，挑战自我，让我体会到站在灯光闪烁的舞台区尽情表演的快乐，顿时觉得自己长大了，知道了如何追求，知道了脚踏实地。”

“因为这场比赛，让我成长与坚强了很多，我开始变得更加自信，开始觉得没有什么不可能，相信自己就一定会努力做到。人生不可能一帆风顺，就看你如何看待这些坎坷，勇敢一点儿，坚持到最后也不放弃，或许过程很艰辛，但是结果会让你收获喜悦。”

读到“顿时觉得自己长大了”“我开始变得更加自信，开始觉得没有什么不可能”时，我有一种园丁看着花朵开花的愉悦心情。人的成长是一个缓慢的过程，没有简单的科学手段能对每个同学的真实成长状态进行精确的测量。严格来讲，人的成长并不能完全依靠客观的量表加以测量。对学校来说，要想办法使学生在校期间多体验几次“顿时觉得自己长大了”“我开始变得”“开始觉得”，这种发自内心的顿悟式的欣喜感受，是人文教育的宝贵收获。

北京农业职业学院的王任飞、武寒雨、张朴源几位同学回忆说：

“（人文演绎的主题）从哪儿入手好呢？”全体陷入沉思。这个时候，王苹老师送来了至关重要的情报，“人文演绎”环节古代戏占绝大部分，现代戏比较少。嗯，少就少吧！慢着……这就是说，我们可以反其道而行之，搞现代戏！不一定非得一头扎进我国五千年的历史长河出不来，是不是？没过多久，我们集体的目光就锁定了一位颇具传奇色彩的现代诗人——海子。”

“恶补完海子生平之后，当初的轻松一扫而空，取而代之的是对海子本人的无限敬仰以及想要对整个世界谈谈这位诗人的强烈冲动，就像小时候第一次见到雨后长虹横空那份瑰美的激动，想要广而告之的心情是如此的相同。就这样，一部从生活、爱情、诗歌三个方面展现海子的音乐诗剧本完成了。”

“我演的是海子本人，台词多且拗口，加上本身普通话不标准，所以那阵子字音纠正工作就是噩梦啊！字音过后是音调……每天我都感觉像是回到了小学时代。当然，高强度的训练成效显著。不久之后，在串稿的过程中，我曾一度以为自己就是诗人本人，虚无缥缈的诗意仿佛一根细线，有那么一瞬间，我似乎抓住了它。”

“在演了几遍之后，大家觉得海子的舞台形象还是稍显单薄，怎么改进才好呢？后来，老师建议在表演时加入现场书法，在饮酒动作之后挥毫写下‘诗魂’二字。真是棒极了的点子！然而对于几乎没有书法基础的我来说，可是一项大挑战啊！比赛前一天下午，我的语文任课教师史老师带我练了满满一屋子的草书，像极了小说中古代高手对弟子的灌顶传功。皇天不负有心人，第二天的表演中，虽然我已经不记得起笔落笔的细节，可向台下展示时，观众的掌声依然在脑海里经久不息。”

文字轻快流畅，这是一种经历过艰苦训练、获得过“高峰体验”（人文心理学家马斯洛的术语）之后，很希望与人分享兴奋喜悦（同学的原话是“想要广而告之的心情”）的冲动，没有感受过这种冲动的人，写不出这样的文字。“取而代之的是对海子本人的无限敬仰以及想要对整个世界谈谈这位诗人的强烈冲动，就像小时候第一次见到雨后长虹横空那份瑰美的激动”“在串稿的过程中，我曾一度以为自己就是诗人本人，虚无缥缈的诗意仿佛一根细线，有那么一瞬间，我似乎抓住了。”这不正是教师希望让同学获得、但并没有统一的常规手段、只能靠同学自己获得的顿悟感受吗？有了这种感受，何愁没有学习人文的动力？

## 读书：人文教育的基础

人文教育的基础是阅读。在高职人文课程中不太可能安排大量阅读的环节。在这种情况下，对读书爱好者给予特殊的关照，组织读书社团，不失为合理的选择。在这本书中，收入了北京信息职业技术学院的好几篇文章。为了竞赛，北京信息职业技术学院的赵燕平老师成立了“读书沙龙社团”。[①] 社团的欧子萍同学为这本书写了两篇文章，以优美的文笔，从学生的角度记录了她在这个社团中的收获与感受，向我们描述了一幅师生共同读书的温馨画面。

“因为准备参赛复习，在跟您（指导教师）的接触相处中，发现您像一个真挚的朋友一样对待我们，同时作为一位教师身体力行地影响我们。您每天跟我们一起学习，跟我们一块儿看书到很晚。记得我跟您争论‘月上柳梢头，人约黄昏后’是欧阳修写的还是朱淑贞写的那种彼此不服输的表情；记得您跟我们一起创

① 据我所知，这个社团的成立是向本科院校学习的结果。北京师范大学在本科组的竞赛中有一条经验，为了便于组织竞赛，北京师范大学文学院团委成立了一个社团。北京信息职业技术学院指导教师赵老师将这条经验移植到本校，与纯粹组织竞赛的社团不同，这是一直以读书为主的社团，知识竞赛只是任务之一。

作参赛剧本，您除了白天工作，晚上还经常熬夜看书查证史料。”

“曾经和您聊过，我是活在童话故事里的人，是您一直保护好我的童话。您说您是站在童话和现实的边缘，其实您也希望我们站在童话和现实的边缘，只有这样才不至于伤痕累累。我们和您相处了两年，也在读书沙龙收获了值得我这辈子珍藏的财富。您喜欢我们看书，也喜欢送我们书，希望我们永远不要停止学习和坚持创作，坚持自己最初的本意。在北信的三年，因为遇到您，我没有消沉下去。您说读书沙龙是为那些因高考失利进入高职院校而觉得学有余力的学生提供的一个舞台，而我也在读书沙龙这个舞台收获了很多成长、很多快乐。”

读了这段话，最让我感动的是“童话”这个词。对高职学生来讲，未来的职业生涯会比较功利冷漠，他们承担的是烦琐的一线工作，辛苦而少温暖。正因为如此，学校在培训学生掌握应付职业世界的工具性技巧的同时，还应当为学生的生活中种下温暖、梦想与希望的种子。没有梦想与希望，就没有学习工具性技巧的动力，更谈不上体现职业精神、职业信仰、职业伦理道德规范的生命冲动。在这个意义上，高职院校仍然需要“童话世界”，需要梦想。说得保守一些，我们的教育既应当面对现实世界，也要面向“童话世界”，应当让两者交错并行。人文教育应当承担起建构梦想与希望的重担。

据我所知，这个社团的学生对于人文有着非常浓厚的兴趣。我读过他们自创的演绎新文化运动的历史剧本，信息量大，细节丰富，足见同学对这段历史下了很大的力气。这一切，都是以这个读书社团的运行为基础的。

## 人文知识竞赛应当促进教师之间的交流与合作

据我对高职院校的粗浅认知来看，如果我们想构思一种放之所有高职院校而皆准的人文教育模式，在目前来看不太可能。寻找各个高职院校自身的定位，根据本校现有的条件，积极开展人文教育，调动一切可能的积极因素，灵活地、有创意性地开展工作，才是可行的途径。这就离不开各个高职院校在人文教育方面的合作与交流。在交流中才能激发创意。

知识竞赛离不开交流与合作。发起组织北京高职组人文知识竞赛的北京财贸职业学院，在组织竞赛的过程中，激发了教学改革的动力，与其他高职院校的教师，共同合作命题。近年来，他们又获得了北京高职院校语文师资培训基地的项目。现在，基地每年都要开展多种多样的培训活动，一方面是充电与提高；另一方面是相互交流，不断衍生出新的创意与思路，也为进一步创新提供了机会与可能。

北京青年政治学院的教师在总结经验时说过这么一段话：

“竞赛的举办还为高职院校的交流搭建了平台。人文类课程在高职院校中地位不突出，同类院校之间长期以来互不交往，缺少必要的交流。大学生人文知识竞赛举办以来，几乎所有高职院校都走到一起，互相学习。通过这个平台，我们了解到，不少高职院校在课程设置和师资队伍建设方面，都有值得我们学习的地方。”

我觉得这正是竞赛所应发挥的作用。

本书内容丰富，共分两大部分：理论探索篇和经验总结篇。其中，魏启晋老师的《职业人文主义：高等职业教育的价值诉求》、北京劳动保障职业学院的张江艳、惠普科老师的《探索高等职业院校人文素养教育的意义和实践途径》等论文给我留下了深刻的印象。

这些年来，在与高职院校合作的过程中，我获益甚多。从对高职院校一无所知，到现在对高职人文教育略有所知，经历了一个漫长的过程。说起这一切，我不禁回想起当初介绍我与高职结缘的田洪滨先生。

2009 年，因为承办北京市大学生人文知识竞赛的关系，我向时任北京市教委高教处副处长、主抓学科竞赛的田洪滨先生汇报筹备情况。田洪滨先生希望将高职院校纳入人文知识竞赛。自此，我才听说“职业素养”这个概念。在田洪滨先生的介绍下，我与北京财贸职业学院李宇红副院长(时任教务处处长)相识，从此开始了我与北京财贸职业学院的长期合作。北京市大学生人文知识竞赛是在田洪滨先生的热心指导与支持下发展起来的，现在竞赛越办越好。但不幸的是田洪滨先生因为重病英年早逝，已经不能看到我们现在工作的成绩。借本书出版的机会，我向田洪滨先生表示深切的怀念。

祝北京市高职院校的大学生人文知识竞赛越办越好，为培养高素质的高职人才做出更多的贡献！

清华大学人文学院
国家大学生文化素质教育基地副主任　　程钢

# 前　言

北京财贸职业学院自创办高职教育以来，一直高度重视高职学生的人文素养教育。学校在推动全方位育人改革过程中，积极进行文化育人创新行动，其中历年承办的北京市高职组大学生人文知识竞赛即为文化育人创新行动的抓手之一。

北京市高职组大学生人文知识竞赛是由北京市教委主办、北京财贸职业学院承办、20 多所北京市高职院校参与的学科竞赛。人文知识竞赛举办的目的是："吸引、鼓励广大学生增强学习人文知识（文、史、哲、艺以及必要的自然科学基础）的兴趣与积极性，提高大学生的文化素养，培养大学生的文化自觉意识与创新精神，为大学生的成才奠定更为宽厚的基础。"（引自《北京市教育委员会关于举办北京市大学生人文知识竞赛的通知》）。竞赛主要内容包括：①文、史、哲基础知识；②必要的艺术修养；③科学史与自然科学常识；④北京历史文化常识。它们既包括人文，也包括科学。

竞赛不是目的，通过竞赛促进学习，提高大学生学习人文知识的积极性与主动性才是更根本的目的。多年来，我们努力将北京市高职大学生人文知识竞赛办成一个北京市各高职学校"同建人文交流的平台，切磋人文知识的课堂，展示人文素养的舞台，抒发人文情怀的节日"。经过多年不懈的坚持和努力，人文知识竞赛已成为北京财贸职业学院"文化育人"的有机组成部分。

本书为北京市高职大学生人文知识竞赛中，各参赛学校历年来在"文化育人"方面的理论思考和指导经验的实践探索成果，包括上、下两篇，上篇为理论探索篇，是各参赛高职院校指导教师在人文素养教育方面的理论探索；下篇为经验总结篇，是各参赛高职院校参赛经验的总结和部分学生感悟。

开展人文知识竞赛，是探索高职大学生人文素养教育的途径，也是我校贯彻落实国家立德树人，德技并修，全面提升高职学生综合素质的重要举措。当前，高职教育肩负着培养数以亿计的高素质社会建设者的重任，要在强化职业技术技能培养的同时，培育高职学生良好的职业素养和人文精神，愿本书能给大家提供些许参考。

**编　者**

2020 年 6 月

# 目　录

## 理论探索篇

## 经验总结篇

# 理论探索篇

# 高职人文素养教育：培养高素质职业人

北京财贸职业学院　李宇红

职业教育是以职业为出发点的教育。在职业教育的人才培养中，既要突出职业性，强调以能力为本位、以就业为导向，同时也不能忽视对学生职业素养、职业精神、人文精神的培养。职业教育必须把立德树人作为立身之本，把职业教育和人文教育统一起来，实现职业教育的工具价值和人文价值的有机融合，才是真正健康的职业教育。著名教育家、中华职业教育社的创办人黄炎培先生认为，职业教育是“将使受教育者各得一技之长，以从事于社会生产事业，藉获适当之生活；同时更注意于共同之大目标，即养成青年自求知识之能力、巩固之意志、优美之感情，不唯以之应用于职业，且能进而协助社会、国家，为其健全优良之分子也”。

## 一、高职院校人文素养教育的定位——立足行业职业

高职院校的人文教育不能照搬本科院校，应当立足自身实际，从职业教育的特性出发，消除“职业/人文”二元对立的思想，充分挖掘职业本身的人文内涵，确立职业人文教育理念，探索基于职业特点、面向职业生活的人文教育模式，培养全面发展的“职业人”。重视高等职业院校的人文教育，实现职业教育和人文教育的融合统一。高职院校人文素养教育，不仅要关注学生如何通过精湛的专业技能去成才，也要关注学生如何在精神上成人，引导学生通过人文知识的学习建立起健康的价值观和职业观，找到作为一个普通劳动者在社会中的位置和价值，成为一个有眼光、有胸怀、有人文情怀和公共关怀的人，即要学做事、学做人，知行合一。

高职院校不同专业面向的行业、岗位在劳动对象、工作任务、工艺流程和生产方式等方面的要求都存在较大的差异，对其从业人员的人文素养要求也是不同的。所以，高职院校应当根据自身办学所面对的行业、岗位要求，确立自己的职业人文素养核心价值目标。例如，北京财贸职业学院是一所面向现代服务业，以服务业类的专业为主体的高职院校。为人服务的职业特性决定了对从业人员

的人文素养有更高的要求。因此，我校把“爱心、责任、诚信、严谨、创新”确立为财贸职业人文素养的核心价值目标。

## 二、高职院校开展人文素养教育的实践探索

### （一）师资团队建设先行

由于大多数高职院校的行业、职业特点突出，在师资队伍方面，与专业课相比，人文素养课师资队伍相对薄弱。2012 年，为提高北京市职业院校文化课教师教育教学水平，北京市启动了高职院校语文教师培训项目，北京财贸职业学院有幸被批准为这一项目的组织单位和实施单位。几年来，我校在人文素养教育研究和实践方面，以高职语文师资培训为依托，以建设人文素养教育的师资团队为切入点，开展了一系列语文教师的学科素养提升、语文教学能力研讨、教研科研能力交流、人文大赛、指导能力培训等多种内容的培训活动。通过师资培训，培养了一批高职院校的优秀中青年语文骨干教师，同时使各所学校的语文课堂成为实施人文素养教育的重要阵地。

### （二）实施教学改革，课内课外人文素养教育相结合

在高职院校，语文类课程是培养学生人文素养的主干课程。由于高职学生人文知识基础较薄弱，在课程建设中，我们把提高人文素养与增强人文知识相结合，把终身教育与职业教育相结合，实现“以学生发展为本，重能力培养和训练，重人文精神建设”的教学目标。在具体的课程改革实施过程中，我们强调学生的学科学习与终身学习相结合，校内教育与校外教育相结合，课堂教学与课外教学相结合，理论教学与实践教学相结合。具体来说，我们的人文素养教育与“人文讲坛”“社会热点”“学生社会实践”“学生社团活动”以及“老字号进校园”等活动相结合开展。

在人文素养类课程建设方面，我们除了充分开设大学语文、应用写作等必修类公共基础课程之外，还立足人文课程的系统性，结合专业特点，开设了如会计文化、北京历史文化、运河文化、演讲与口才等一系列有特色的人文课程。这些课程对学生人文素养的提升都发挥着作用，学生毕业时不仅掌握一门专业技能，同时还具有较高的人文素养，受到用人单位欢迎，后续发展潜力也大。除了课程之外，我们还以“人文讲坛”为载体，积极引进名校名师、企业行业专家进校，为学生开设学术讲座、企业文化讲座等，形成人才培养合力，开阔学生人文眼界，使学生及早接受企业、行业文化理念和工作过程教育。

### （三）开展人文知识竞赛，搭建人文教育实践平台

自2009年北京市开展第一届人文知识竞赛以来，高职院校一直积极参加。第一届，高职院校是和本科院校一起比赛，高职学生和本科学生的成绩差异还是比较明显的。考虑到学生的实际起点，2010年，北京市高职院校开始单独命题、单独组赛，由北京财贸职业学院牵头组织。多年来，参赛高职院校一直保持在20所以上，北京市属的高职院校以及单独设置高职部的本科院校，如北京城市学院、中华女子学院的高职部，也一直参赛。这一竞赛平台，已经成了高职院校人文素养教育交流和展示的平台。

在命题方面，高职院校和本科院校也有很大的不同，我们的原则是“人文与职业并举，知识与修养兼顾”，突出强调职业道德与职业素养等方面的相关知识。

在大赛组织方面，也和本科院校有所不同，我们强调参与度，重在调动学生的积极性。大赛分初赛和决赛，初赛形式为笔试，每个院校可报两个代表队，每个代表队5个人，个人独自答题，最后成绩按小组合计，每个院校选取其中成绩好的代表队参加决赛。进入决赛的每位队员均参加现场答题环节和演绎环节。其中，每年的演绎环节高潮迭起，参赛学生结合自己的专业将人文素养融合进去，表演过程中，充分体现创新精神和合作意识，舞台上精彩纷呈。

一年一度的人文知识竞赛活动，从海报宣传、讲座推广，到学校海选，再到北京市初赛、决赛，无论是活动的持续时间、参与活动的师生人数，还是活动的实际效果都影响深远。竞赛活动受到了学生的欢迎和广泛参与。很多学校在校内海选阶段，参加的学生占到了学生总数的30%以上，我校的大一学生更是全员参加初赛。经过参与人文知识竞赛，学生对人文知识学习和实践的热情被大大地激发出来。学生们为能在比赛中脱颖而出，自由组队、认真读书、激烈讨论、积极策划、热情排练。

参加人文知识竞赛的过程，也是学生人文知识和人文素养不断提升的过程。正如参加比赛的学生所言：“通过参加比赛，进一步品味到中华人文之妙趣，从而更加热爱学习人文知识。”

显然，人文知识竞赛已经成为高职院校人文教育的实践平台，成为学校营造人文气息和人文氛围的助推器。

## 三、人文素养教育研究与实践的成效

通过多年的摸索实践，我校在探索高职学生人文素养教育实践方面的成效主要有以下三点。

(1) 达到了引导学生读书的目的。

(2) 提升了人文素养类师资团队建设。

(3) 人才培养受社会欢迎。

职业教育中的人文素养教育无现成模式可依,有很多的空间需要我们去探索、研究和实践,希望我们在以前探索的基础上,总结出更多的经验和大家分享。

(根据作者在清华大学举办的《人文教育与人文知识竞赛学术研讨会》上发言整理)

# 职业人文主义：高等职业教育的价值诉求

北京财贸职业学院　魏启晋

**摘要**：高等职业院校的人文教育应当具有自己的特殊性，以职业价值观为核心、面向职业生活的职业人文主义教育应当成为高等职业院校实施人文教育的主要方向。倡导职业人文主义，是落实科学发展观、继承我国近代职业教育优秀传统、顺应国际职业教育改革方向的客观要求。高等职业院校要从转变观念、确立核心价值、设计课程体系、加强师德建设、注重知行统一等方面构建职业人文主义教育的创新体系。

**关键词**：人文教育；高等职业教育；职业人文主义

高等职业教育在中国的发展方兴未艾，高等职业教育的理论研究也是当前教育研究的热点课题。在高等职业教育理论研究的诸多论题中，如何更好地促进职业教育与人文教育的融合成为众多关注和关心职业教育的有识之士讨论的焦点问题。但是，绝大多数论者依然在强调职业教育和人文教育的差异与对立，没有看到高等职业院校人文教育与普通本科院校人文教育的区别，认为只要借鉴普通本科院校的人文教育或通识教育模式就可以实现高职院校职业教育与人文教育的结合。本文提出，应当把职业人文主义作为高等职业教育的内在价值诉求，在职业教育中渗透人文教育，以人文教育引领职业教育的科学发展，构建基于职业特性的高职院校人文教育体系。

## 一、职业人文主义概念辨析

人文，是一个具有复杂内涵的概念。在中文语汇中，人文最早出现在成书于战国末年的《易传》："观乎天文，以察时变；观乎人文，以化成天下。"这里的人文，与自然相对，就是指人类的文化即人文教化。在西方文化当中，人文至少有两重含义，一是指与神本相对的人本，是神权统治下解放出来的人的尊严和人性的光辉；二是指与科学相对的人文，表示与科学的价值中立相区别的对人的存在、自由、价值、尊严、幸福的关注。同样，人文主义的含义也是丰富而复杂的。

无论人们对人文主义概念的内涵有怎样不同的解释,可以确定的是:第一,人文主义始终是以人为中心的,这里的人既是作为类存在的人,也包括作为个体存在的每一个人。人文主义关心人的自由幸福,关注人类社会的前途命运、兴衰福祸;第二,人文主义特别关心的是价值或意义问题,或者说人文主义所倡导的就是一种合乎人性而又顺应社会历史潮流的先进价值观。

那么,为什么我们要提出职业人文主义这个概念呢?这是因为职业本身具有工具价值以外的人文主义属性。

什么是职业?从一般意义上来说,职业是人们所从事的参与社会分工,利用专门的知识和技能,为社会创造物质财富和精神财富,获取合理报酬,作为物质生活来源,并满足精神需求的相对稳定的工作。除了专业性(利用专门的知识和技能)、连续性(相对稳定)、经济性(获取报酬作为物质生活来源)之外,职业本身具有鲜明的人文主义性质,具体体现在:第一,职业具有社会性。职业本身是社会分工的产物,随着社会生产力的发展,社会分工越来越细,职业分类也越来越细化。职业是人们进行的为社会所需要的社会劳动,只有在社会之中,提供社会发展需要的产品和服务,职业才能存在,才有它自身的意义。每一种职业都与人类的需求、文明的进步和社会的发展密切相关。各种职业之间的差异,反映的是社会分工的不同,而不是高低贵贱的区分;第二,职业具有历史性。伴随着人类社会的变革与发展,社会生活中的每一种职业也都经历着一个产生、发展和变革的过程。在这个过程中,有的职业从远古走来,随着生产力的发展和科学技术的进步一直发展到今天,兼具丰厚的历史文化内涵和强烈的时代气息;有的职业则在科技革命的浪潮中被淘汰而趋于消亡;也有的职业则是现代科技发展和社会变革的新产物;第三,职业具有道德性。作为社会分工的产物,职业是社会生产实践的表现形式,也是社会交往的重要途径和纽带。因此,职业必然与社会伦理相关,强调创造物质财富和精神财富以服务于社会,从而获得合理报酬。作为社会生活的特殊领域,每一种职业不仅有其专门的知识、技术和能力的要求,也都有其特定的职业价值观(包括职业精神、职业信仰、职业伦理原则和道德规范);第四,职业具有生活性。任何职业都必须由具体的人来承担,每一个人也都必须在人生的某个阶段从事一种职业。因此,职业不但关乎社会,而且与个人生活密切相关。职业生活是人生活力最健旺时期的主要社会活动,为劳动者提供物质生活来源的同时,也能够满足劳动者精神生活的需求,是创造人生的社会价值、实现人生的自我价值的主要途径。在一定程度上,对个人来说,职业本身就是人生、就是生活的意义所在。“一个人选择了自己的职业,他就选择了自己的生活,选择了自己要做一个怎样的人。”“你选择了你的职业,你的职业就是你的终身的伴侣,你的职业就是你的生命意义之所在,在某个特定的时候甚至要用你的生命为代价，去维护这个职业的尊严。”[①]总之，职业的内涵，超越了单一的专业，纯粹的工作和专门的技术，具有丰富的社会意义和鲜明的人文主义性质。

美国哲学家、教育家杜威认为，教育上的种种对立比如“劳动与闲暇的对立，理论与实践的对立，身体与精神的对立，心理状态与物质世界的对立”，最终表现为职业教育与文化修养的对立。[②] 而事实上，职业的对立面既不是闲暇，也不是文化修养。这种对立产生的根源在于忽略了职业的社会意义。要消除和弥合这种对立，就要完整地理解职业的意义。杜威说：“如果教育承认职业的全部理智的和社会的意义，这种教育就要包括有关目前状况的历史背景的教学；包括科学的训练，给人以应付生产原料和生产机构的智慧和首创精神；包括学习经济学、公民和政治学，使未来的工人能接触当代的种种问题以及所提出的有关改进社会的各种方法。总之，这种教育将训练未来的工人适应不断变化的情况的能力，使他们不会盲目地听天由命。”[③]我们认为，高等职业教育应当以职业人文主义为基本价值诉求，就是要突破“专业学习训练＋人文（通识）课程＝融合职业教育与人文教育”的框架，以职业的社会意义和人文属性为基点，全面构建高等职业院校人文教育的科学体系和创新模式。具体来说，职业人文主义教育包括以下四个方面的内容。

**第一，建立职业社会使命**。职业是社会分工的产物，是社会化生产网络中不可或缺的纽带。每一种职业都以其专业化的劳动和贡献服务于社会的良性运行，推动着国家的不断发展乃至整个人类文明的进步，这是每一种职业的社会使命和责任。选择一种职业，就是选择一个直接服务社会的舞台，也就是选择一种社会使命和责任。崇高的职业社会使命，体现着具体职业和社会整体的有机联系，也为每一个劳动者提供努力工作的不竭动力和意义源泉。

**第二，理解职业历史文化**。在职业发展的漫长历史过程中，那些影响、指导行业兴衰的典章制度文献、推动生产力发展的重大职业技术革新事件、成就卓越的行业先驱人物、透过历史尘封依然熠熠生辉的文物器具，构成了每一种职业或行业发展变迁的轨迹，积淀为每一种职业或行业的独特历史文化。只有理解职业的历史文化，才能真正理解当下职业选择的社会意义。

**第三，培养职业价值意识**。特定职业既有专门的知识要求和技能要求，也包含着特殊的职业价值意识。职业价值意识具体体现在每一种职业都有自己的职业精神、职业信仰、职业伦理原则和道德规范，凝结为每一个从业者的职业是非观、善恶观、美丑观、荣辱观。职业价值意识的教育，就是要培养从业者的内在价

① 宋锐．职业——人的第二生命［J］．载《青年文摘》，2007 年 10 月上半月刊．

②③ 约翰·杜威．民主主义与教育［M］．北京：人民教育出版社，2001．

值理性和道德自觉，这是职业人文主义诉求的核心内容。

**第四，设计职业生涯规划**。职业生活是人生的重要内容，职业教育也是一种人生教育。职业生涯是一个人一生中所有与职业相联系的行为与活动，以及相关的态度、价值观、愿望等连续性的过程，也是一个人一生中职业、职位的变化及职业理想实现的过程。人生需要引导，职业生涯需要设计规划。职业生涯设计的目的，是帮助个人真正了解自己，结合社会发展和时代特点，筹划未来，确定人生的目标，在“衡外情，量己力”的前提下设计合理可行的职业发展方向。[①] 职业生涯设计，真正体现着职业教育的人文关怀。

## 二、倡导职业人文主义的基本依据

### （一）倡导职业人文主义是贯彻落实科学发展观，构建社会主义和谐社会的要求

科学发展观，是十六大以来中共中央提出的创新理论，是我国经济社会发展的重要指导方针，是发展中国特色社会主义必须坚持和贯彻的重大战略思想。科学发展观的价值核心是以人为本。所谓以人为本，包括两层含义：第一，就是要以最广大人民群众的根本利益为一切工作的出发点和落脚点，维护好、实现好、保障好人民群众的利益；第二，就是要促进人的全面发展，全面提高人的思想道德素质、科学文化素质和健康素质。

在现代市场社会，以效率和效益作为首要的行为准则。但在社会分工日趋细化的进程中，这种对效率和效益的追求是以牺牲人的丰满个性为代价的。人，变成了价值生产流程中的一个片面或单面的分工角色。在技术-经济体系的组织图表中，只是对某个职位提出工作要求或者利润目标，职业或职位是达成经济目标的工具或手段，在这个职位上的人也就成了工具或手段。人本身不再具有意义或价值。职业与人被隔离了。高等职业教育以职业人文主义为价值诉求，正是以人为本的切实体现。职业人文主义的目标就是要努力彰显职业的人文主义性质，真正把职业教育和人文教育融为一体，使社会需求、职业特性和人的发展紧密结合，培养全面发展、德才兼备的职业人。一方面，通过职业人文教育的实施，实现受教育者全面素质的提高，使受教育者能够适应社会经济发展和各行各业的现实需求；另一方面，也要通过职业人文教育的实施，为进一步促进各行各业的发展、提升职业水平和职业形象提供人才支持。

① 杨千朴．职业素养基础[M]．北京：中国时代经济出版社，2007．

从文化的角度说，社会主义和谐社会的建设有两个必要条件：第一是全社会普遍认同的核心价值体系；第二是每一个社会成员都是全面发展、和谐发展的个体。高等职业教育以职业人文主义为价值诉求，就是根据职业教育的特点，把社会主义核心价值观的教育有机地渗透在职业教育之中。职业人文主义具有强大的整合作用。良好的职业人文素养使学生能够全面地理解自己所即将从事的职业的社会意义，为专业知识的学习、职业技能的训练提供强大而持久的内在驱动力，使学生在学习生活乃至将来的职业生涯中，始终保持良好的方向感与和谐稳定的心理状态，能够很好地处理学习、生活和工作中的各种关系，开拓和谐广阔的职业发展空间。这样，高等职业教育就能够通过培养和谐发展的职业人，更好地服务于社会主义和谐社会建设。正如爱因斯坦所说："知识是死的，学校却要为活人服务。它应当发展青年人中那些有益于公共福利的品质和才能。""学校的目标应当是培养有独立行动和独立思考的个人，不过他们要把为社会服务看作自己人生的最高目的。""学校的目标始终应当是：青年人在离开学校时，是作为一个和谐的人，而不是作为一个专家。照我的见解，在某种意义上，即使对技术学校来说，这也是正确的，尽管技术学校的学生将要从事的是一种完全确定的专门职业。"[①]

### （二）倡导职业人文主义是继承中华教育传统特别是近代职业教育传统的要求

中国古代教育是人文主义的教育。它以做人为教育的唯一目的，注重教人以德行与智慧，而不是单纯的知识传授和技能训练。它尤其重视道德教育和德行培养，注重气节、操守和崇高的精神境界，提倡发奋立志，"强调道德责任感与历史使命感，弘扬那种孜孜不倦、临事不惧、不计成败利钝、不问安危荣辱、以天下为己任的英雄气概与宽广胸怀，把个人担当的社会责任与个人道德的自我完成统一起来"。[②]

近代以来，为了应对中华民族的危机和社会危机，随着自然经济的逐步解体和近代工商业的兴起，职业教育得到迅速发展。在近代中国职业教育发展的进程中，倡导和关心职业教育的很多教育家都特别强调职业教育目标的人文主义取向。

著名教育家、中华职业教育社的创办人黄炎培认为，"为个人谋生之准备"只是职业教育的目的之一，职业教育还应当把"谋个性之发展""为个人服务社会之

① 爱因斯坦文集[M]．第三卷．许良英，译．北京：商务印书馆，1979.

② 张岱年，方克立．中国文化概论[M]．北京：北京师范大学出版社，2004.

准备”“为国家及世界增进生产力之准备”作为教育目标。[①] 他对于职业教育的可能的弊病有着清醒的自觉，指出：“办职业教育，最易犯两种病。其一，学生误解了‘自尊’的一个名词，于是不知不觉看轻一切作业。随你学什么工艺，都成为贵族的工艺。除掉规定工作课程以外，不愿动手……其二，仅仅教学生职业，而于精神的陶冶全不注意，把一种很好的教育变成器械的教育，一些儿没有自动的习惯和共同生活的修养。这种教育，顶好的结果，不过造成一种改良的艺徒，绝不能造成良善的公民。”为了防止这两种弊病，全面地实现职业教育的人文目标，在中华职业教育社所办中华职业学校，学生入学的时候一律要写誓约书。誓约书的内容是：“一、尊重劳动(学生除半日工作外，凡校内一切洒扫、清洁、招待等事，均由全体学生轮值担任)；二、遵守规律(校中由全校学生组织自制团，自订一切规律而自守之)；三、服务社会(学生除校内服务外，兼于校外从事一切相当之服务)。”[②]黄炎培明确提出职业教育的宗旨是：“职业教育，将使受教育者各得一技之长，以从事于社会生产事业，藉获适当之生活；同时更注意于共同之大目标，即养成青年自求知识之能力、巩固之意志、优美之感情，不唯以之应用于职业，且能进而协助社会、国家，为其健全优良之分子也。”[③]他认为，大学教育的真正使命在于培养崇高的人格及深博的学术，而以职业教育为主要任务的“专科学校的使命在造就实用人才，同时亦须重视人格训练，以免由实用而流于功利化。”[④]

教育家陶行知认为：“故欲职业教育之卓著成效，必自确定一正当之主义始。”[⑤]那么什么是职业教育所应坚持的正当之主义呢？陶行知认为：“职业作用之所在，即职业教育主义之所在。职业以生利为作用，故职业教育应以生利为主义。生利有二种：一曰生有利之物，如农产谷，工制器是；二曰生有利之事，如商通有无，医生治病是。前者以物利群，后者以事利群，生产虽有事物之不同，然其有利于群则一。故凡生利之人，皆谓之职业界中人，不能生利之人，皆不得谓之职业界中人。凡养成生利人物之教育，皆得谓之职业教育；凡不能养成生利人物之教育，皆不得谓之职业教育。”[⑥]他还强调了生利主义对师生之精神的指导作用：“生利主义侧重发舒内力以应群需，所呈现象正与衣食主义相反。生产一事一物之时，必自审曰：‘吾能生产乎？吾所生产之事物于群有利乎？’教师学生于

---

① 中华职业教育社.黄炎培教育文选[M].上海：上海教育出版社，1985：273.

② 中华职业教育社.黄炎培教育文选[M].上海：上海教育出版社，1985：84.

③ 中华职业教育社.黄炎培教育文选[M].上海：上海教育出版社，1985：101.

④ 中华职业教育社.黄炎培教育文选[M].上海：上海教育出版社，1985，308.

⑤ 陶行知.中国教育改造[M].合肥：安徽人民出版社，1981年9月第1版：5.

⑥ 陶行知.中国教育改造[M].合肥：安徽人民出版社，1981年9月第1版：7.

不知不觉中自具一种利群之精神。”[①]这种利群之精神就是一种超越一己之私利，以满足社会进步的要求和族群共同福祉为价值理想的人文精神。

社会学家、教育家潘光旦提出了“完人教育”的思想。他认为“完人教育”的内容至少要包括“德、智、体、群、美、富”六个方面，其中的“富”就是“发展吃饭能力的教育，即是职业教育”。[②] 潘光旦始终坚持教育的人文主义本质，他的“完人教育”思想着重强调的不是教育的现实功利目标，而是其人文价值诉求。[③] 在潘光旦看来，职业教育只是“完人教育”的一个组成部分，职业教育不能作为一种独立的教育目的而存在。[④] 因此，职业或技能教育的“目的显而易见是专教人学些吃饭本领；绳以‘衣食足而后知荣辱’的原则，这种教育本是无可厚非的。但至少那一点‘荣辱’的道理应当和吃饭的智能同时灌输到受教者的脑筋里去，否则，在生产薄弱，物力凋敝的今日，也无非是教‘不夺不餍’的风气变本加厉而已”。[⑤] 显然，他认为职业教育如果仅仅满足于“专教人学些吃饭本领”是不够的，还应当着重荣辱意识和正确的价值观念的培养，从而使职业教育成为真正体现人文主

---

① 陶行知. 中国教育改造[M]. 合肥：安徽人民出版社，1981 年 9 月第 1 版：8.

② 潘乃谷，潘乃和编. 潘光旦教育文存[M]. 北京：人民教育出版社，2002 年 6 月第 1 版：43.

③ 潘光旦反复地说，“只有可以陶冶品格的教育才是真正完全的教育”“教育只有一个目的，就是每一个人的人格的培养”“教育一个人就得把人性的经纬诸端都教育到了，否则，结果是一个畸形的人，零碎的人，不健全的人”。如何才能实现完人教育呢？潘光旦认为最重要的就是“价值意识的教育”。他说：“我们要提倡一种——无以名之，姑名之曰——价值意识的教育。我国古代的智字，不止指知识的获得，也指价值意识的培养。……价值意识之发达，用之于理智，便知是非真伪的区分；用以待人，便识善恶荣辱的辨别；用以接物，便识利害取舍的途径；甚至艺术家所称‘赏鉴的能力’，即美丑的辨别力，西文所谓taste，也无非是价值意识的一部分。从价值意识一端下手，则凡天分不是下愚的人，都可以得到相当的造诣：因为，是非真伪的辨别力不限于科学家和逻辑家，善恶荣辱的辨别力不限于群性特殊发达或善于交际的人，利害取舍的辨别力不限于持筹握算的商业巨子，美丑精粗的辨别力不限于诗人、画师或雕塑的专家。质言之，价值意识发达一分，辨别力便强一分，其人行为上便多一分裁制，多一分自主的能力。诚能如此，则去完人的鹄的，虽不中，也不远了。”参见：潘乃谷，潘乃和. 潘光旦教育文存[M]. 北京：人民教育出版社，2002 年 6 月第 1 版：44，199，368，380.

④ 潘光旦对于独立的职业教育存在着一定的偏见，认为职业教育在一定程度上背离了教育的人文本质，是对教育之使命的“小看”或“错看”。他说，“（专门知识的探究与职业技能的训练）这两件事物原是教育中应有的一些成分，但若把它们当作目的，一若教育专为知识而设，或专为职业而设，那也就错了。专门教育职业教育的倡导，大部分是从事于教育的人自己干的，至于推行，自更非他们自己不可了。窥测他们的用心，一若只要人人是个某方面的专家，或人人有了参加一种职业的技能，便已尽了教育的能事。这不是小看了教育，而是根本看错了教育。对此错误从事教育的人是自己必须负责任的。……另有一半的责任还得由外缘的文化风气来负。如果在文化的环境里科学不先成为偶像，以至于一般的学术不先成为偶像，则在教育的园地里，专门知识也就不会成为一种迹近独占的目的。又如果外缘没有工商业化一类事物的恣意的鼓吹，则教育的园地里职业训练的提倡也就不至于漫无限制。无论如何，自己没有成熟而坚定的看法，以致不得不受外力的激荡，这根本的责任总是从事教育的人自己的。”参见：潘乃谷，潘乃和. 潘光旦教育文存[M]. 北京：人民教育出版社，2002 年 6 月第 1 版：368-369.

⑤ 潘乃谷，潘乃和. 潘光旦教育文存[M]. 北京：人民教育出版社，2002 年 6 月第 1 版：130.

义本质的教育。

黄炎培、陶行知与潘光旦对职业教育的看法存在差异,但是他们的共同点在于都看到了绝不能把职业教育简单等同于职业训练、谋生准备,强调必须把正确价值意识的培养作为职业教育的重要任务。只有把职业教育和人文教育统一起来,实现职业教育的工具价值和人文价值的有机融合,才是真正健康的职业教育。这些值得我们认真地继承并发扬光大。

### (三)倡导职业人文主义是顺应国际职业教育发展新趋势的要求

20 世纪 70 年代以来,随着社会经济生活的迅速变化,人口的职业流动性明显增强,单一职业技能训练无法适应日益加速的社会发展节奏。为了使接受职业教育的人更好地适应社会对职业者的各种技能要求更加灵活和灵通的需要,在英国出现了新职业主义思潮(New Vocationalism),主张把职业教育纳入主流教育,融合职业教育和普通教育,构建一个以培养高技能的、弹性的、富有合作精神的劳动者为目标的全新职业教育体系。其指导思想是,职业教育定位不再局限于固定的职业训练,而是要从"培养工人从事单一的、刚性的和细琐任务的泰勒主义和福特主义"中摆脱出来,以培养"核心技能(Core Skills)"为目标。"所谓核心技能,是完成任务和解决问题的实际能力,而不是传统意义上的、高度专门化的、狭义的技能。它具有通用性、可迁移性和工具性",通常包括"共同的知识与理解(它是我们这个工业社会工作和学习的基础)""与民主社会相关的共同的价值观(它们鼓励对工作负责和积极的态度)""可迁移的学习内容(它使青年在工作中有弹性)""共同的学习经验"等。① 显然,这里所强调的"共同的价值观"就是职业素质中所应当包含的人文素养。

在此后的一二十年时间里,英国新职业主义教育思潮对美国、日本、德国和法国的职业教育都产生了影响。② 美国职业教育在 20 世纪 90 年代曾经兴起过一项以提升青年的学术成就和就业能力为主旨的"学校向工作过渡"(School to Work,STW)改革运动,进入 21 世纪之初,这项改革由于各种原因无法持续。在其基础上,当前美国职业教育正在进行"学校向生涯过渡"(School to Career,STC)改革。Work 的英文解释为:Use of bodily or mental power in order to do or make sth.(使用体力或脑力做事或生产);Career 的英文解释为:Profession or occupation with opportunities for advancement or promotion(职业、事业的发展和提升;生涯);Progress through life(一生的发展)。从 STW 到 STC 的转

① 石伟平,等.新职业主义:英国职业教育新趋向[J].外国教育资料,2000(3).

② 刘春生.美国基于新职业主义的职教理念及实践[J].职业技术教育(教科版),2006(7).

变，绝不是单纯的名称的改变，而是反映出美国乃至世界职业教育改革的一个重要趋势：倡导学生本位，以学生为本，关注学生个体，着眼于个体职业生涯的持续终身发展。①

当今世界，科学技术的发展日新月异，全球化浪潮席卷整个世界，知识经济已露端倪。时代发展的这些新特征，对劳动者的素质提出了新的要求。2005 年，在联合国教科文组织职业技术教育和培训国际中心（Technical and Vocational Education of the United Nations）的大力支持下，由国际教育和价值观教育亚太地区网络（Asia Pacifie Network for International Education and Values Educations）组织编辑，澳大利亚、印度、韩国、马来西亚、泰国、美国、菲律宾和萨摩亚等国的专家共同编写了《学会做事——在全球化中共同学习和工作的价值观》一书。这本书基于 21 世纪知识经济对劳动力的要求和终身学习社会对公民的要求，提出了以“健康、人与自然和谐”“真理与智慧”“爱心与同情”“创造审美”“和平与公正”“人类可持续发展”“国家统一全球团结”“全球精神”八个核心价值和三十三个相关价值组成的体系框架，而作为其基础的基本价值观是人的尊严和劳动的尊严，即所有人都有被尊重的权利，都有满足基本需求的权利，每个人都应具有发展个人潜能的机会；尊重和赞赏所有形式的劳动，承认他们对个人理想的实现和对社会进步发展的贡献。② 把价值观教育作为职业教育的重要内容和新的特征，体现了知识经济和全球化时代职业教育目标的人文化趋向与定位，“培养负责任的、自由的和成熟的个人”。③

显然，从国际职业教育发展的趋势看，顺应经济社会发展的新需要，努力沟通职业教育与普通教育，融合职业训练和人文教育，使职业教育服务于劳动者全面素质的提高和终身发展的需求，从而更好地服务于现代经济发展、社会全面进步和劳动者人生幸福，这是大势所趋。

## 三、实践职业人文主义的基本方略

### （一）确立职业人文教育理念

在改革开放的进程中，随着经济生活的市场化，整个社会的价值观念趋向于

① 付雪凌．从 STW 到 STC：世纪之交美国职业教育改革走向[J]．职业技术教育（教科版），2005（10）．

② 行水．学会做事：职业价值观教育的新视阈——一本书及其对我们的影响[J]．职业技术教育，2006(24)．

③ 余祖光．学会做事——全球化中职业教育的价值观教育[J]．中国职业技术教育，2006(4)．

世俗化和功利化。1990年以来，一直有学者在慨叹中国社会人文精神的失落。中国教育的人文主义传统也呈现出式微之势，教育目标也越来越功利化和工具化。特别是在高等职业教育兴起和发展的过程中，重实用轻人文、重技能训练轻道德养成、重专业成长轻全面发展成为普遍现象。以能力为本位、以就业为导向的职业教育办学方针，被误读为职业教育的目标就是技能训练、学生上学的目的就是找个工作，而作为人的发展必需的知识结构的完善、和谐人格的塑造、全面素质的培养被置于次要的地位。高等职业教育被简化成了职业培训，职业教育与人文教育被割裂。这些都极大地制约着高等职业院校的人才培养质量，制约着高等职业教育的长远持续发展，在一定程度上也影响着高等职业教育的社会形象和社会认可度。正如本文开头指出，加强高等职业院校的人文教育，实现职业教育和人文教育的融合统一，已经引起众多有识之士的重视。问题在于，与普通本科院校相比较，高等职业院校的学科相对比较单一、人才培养周期较短，不可能完全照搬普通本科院校大量开设人文通识类课程的人文教育模式。我们认为，高等职业院校的人文教育，应当立足于自身的实际，从职业教育的特性出发，消除"职业/人文"二元对立的思想，充分挖掘职业本身的人文内涵，确立职业人文主义理念，探索基于职业特点、面向职业生活的高等职业院校人文教育创新模式，培养全面发展的职业人。这应当成为高等职业院校的根本价值诉求和人才培养目标理念。

## （二）构建职业人文核心价值

高等职业院校都具有鲜明的行业特征。不同的行业在劳动对象、工作任务、工艺流程和生产方式等方面都存在较大的差异，对其从业人员的人文素养的要求也是不同的。所以，高等职业院校应当根据自身办学所面对的主体行业的职业岗位要求，确立自己的职业人文素养核心价值目标理念。北京财贸职业学院是一所面向首都第三产业，特别是商业服务业，以商务贸易类专业为主体的高等职业院校，主要包括金融与证券、会计税务、连锁经营与工商管理、物流管理与信息技术、艺术设计、旅游管理、语言文化七大专业类别。商务贸易类职业的主要工作内容是为人提供便捷高效的服务，对从业人员的职业人文素养有更高的要求。根据商务贸易类职业的特点，我们学院把"爱心、责任、诚信、严谨、创新"确立为财贸职业人文素养的核心价值目标。具体来说，这一目标体系包含了三个层面的内容。

（1）情感层面，爱心奠基

爱因斯坦曾经说过："情感和愿望是人类一切努力和创造背后的动力，不管呈现在我们面前的这种努力和创造外表上是多么高超。"[①]著名教育家苏霍姆林斯基

---

① 爱因斯坦文集[M]. 第一卷. 北京：商务印书馆，1976：397.

说："情感——这是道德信念、原则和精神力量的核心和血肉。没有情感，道德就会变成枯燥无味的空话，只能培养出伪君子。"①鉴于商务贸易类专业的主要服务对象是人，所以我们认为商务贸易类职业人文教育基础是以爱心为主题的情感教育。从爱心所指向的对象来说，爱心教育包含了爱自己、爱他人、爱集体、爱社会、爱国家、爱自然。从爱心的具体内涵来说，爱心包含了感恩、关心和善意三个要素。感恩，即每一个人在这个社会当中首先是一个索取者、获得者，离开了他人、社会和国家，个人无法独立地生存发展，因而首先要对自己获得的一切心怀感激。关心，即要能够时刻清醒而自觉地把自己、他人、集体、社会、国家的事情放在心上，给予关注、关怀、关爱。善意，即积极地对待自己、他人、集体、社会、国家的事情并满怀美好的期待。作为财经贸易和服务类行业的职业人，爱心是必需的美好情感，他应当满怀真诚地善待自己身边的每一个人特别是作为陌生人出现的客户。商务贸易和服务行业的职业教育，首先应当是爱的教育。

(2) 认知层面，责任支撑

爱心仅仅停留在内心的情感层面是不够的，责任应当成为爱心的自然延伸。爱心作为一种内涵丰富的情感，与兴趣、爱好等人格心理要素有本质的不同，其差异就在于爱心包含着责任，爱心必然与责任密切相连。爱心，一定要靠勇于承担责任来证明和体现；负责任的爱才是真诚的爱。负责任，是爱心最好的表达。如果没有自觉坚定的责任意识的支撑，爱心就是苍白无力、空洞虚无的。从社会发展的角度来说，责任与每一个人的工作、生活都不可分离，与每一个单位的生存、发展都密切相关。对每一个人而言，"讲责任，体现着生活的价值，映照着人生的意义"。"一个有责任感的人，从容而不浮躁，充实而不空虚，真诚而不虚荣。"②责任感，意味着一个人对自己承担的每一个社会角色的内涵和义务有完整而深刻的认知，他能完全意识到并理解自己的社会角色，理解自己的职业岗位应当做什么、怎么做以及所要达到的标准；责任感，意味着一个人知晓自己的社会角色、职业岗位在整个社会生活和社会关系中的地位与价值，他有足够的勇气和心理准备去付出自己的智慧与劳动，担当自己行为的所有后果。商务贸易和服务类的职业，与社会经济的健康发展和人民群众的日常生活直接相连，其工作效果和服务质量直接影响着社会和谐与人们的生活质量。所以，商务贸易和服务类职业对从业人员的责任感有着特殊重要的要求。

(3) 行为规范层面，诚信为本，严谨为则、创新提升

无论是爱心情感，还是责任认知，最终必须落实到行为实践当中。对于商务

① 苏霍姆林斯基. 帕夫雷什中学[M]. 赵玮，等译. 北京：教育科学出版社，1983：207.

② 任仲平. 论责任[N]. 人民日报，2005年9月19日.

贸易和服务类职业来说，能够集中体现职业责任感的最核心、最重要的职业行为规范是诚信、严谨和创新。所谓诚信，表里如一曰“诚”，言行一致为“信”，诚信就是言必由衷，言出必行，言必信，行必果，不自欺，不欺人。诚信不仅是做人之本，更是商务贸易和服务类职业的根本职业伦理。商业职业讲求的货真价实、童叟无欺，会计职业要求的不做假账，金融职业强调的信息真实，都具体体现着诚信至上的职业精神。所谓严谨，是指认真细致的工作作风和一丝不苟、不放过任何工作细节的工作态度。不马虎，不粗疏，不苟且，不敷衍，是责任心的体现。商务贸易和服务类职业，很多工作内容是要进行数据处理，严谨因而就具有特殊的重要性。作为职业伦理的创新，是指在严格执行职业工作规程和规范的基础上，要创造性地开展工作，努力革新工作方法，提高工作效益和服务水平。高等职业教育与中等职业教育在人才培养目标上的区别，体现在高等职业教育要培养学生更为扎实的专业知识基础和更为全面的职业素养。在改革创新的时代，创新应当成为高职人才的必备职业素养。对创新的强调，就是希望高职生不但应当顺利地适应并完全胜任当前职业岗位的要求，而且能够通过创造性的工作开拓未来职业发展的广阔空间，提升该职业的普遍工作标准和社会美誉度。这是着眼于未来的要求。

“爱心、责任、诚信、严谨、创新”这五个要素组成的财贸职业人文素养核心价值目标体系，是根据时代发展对职业人文素养的要求提出的，是社会主义核心价值观的具体体现，具有鲜明的职业针对性、简明性和整体性，构成了一个从情感层面到认知层面再到行为规范层面，紧密衔接、层层递进、环环相扣的完整系统。

### （三）科学设计职业人文课程体系

职业人文教育的实施需要科学合理的课程体系的支持。在课程体系的设计上要注意其职业性和全面性，主要包括：第一，思想政治理论课，特别是思想道德修养与法律基础课的教学内容要紧密联系职业生活实际，发挥对学生职业学习的理论指导作用。第二，职业历史文化课程，主要介绍职业发展的历史和独特文化。根据行业和职业特点，我们筹建了中国商业文化教学中心，就中国古代商业、中国十大商帮、京商、中华老字号、中国商业街、中国货币史、中国广告文化史、立信会计文化等专题编写教材，开设通选课程，使学生理解财贸职业的历史渊源、文化内涵和社会意义。第三，职业道德和法规课程，使学生全面理解并牢牢掌握所选择职业的核心价值理念、职业道德规范和基本法律法规。第四，职业心理学课程，使学生在掌握一定的普通心理学常识的基础上，了解并培养良好的职业心理素质。第五，职业生涯规划课程，帮助学生认知职业生活与人生价值、人生幸福的关系，了解职业发展的规律，使学生把职业理想与生活理想紧密联系起来，积极主动地把个人职业选择与社会发展趋向统一起来，按照社会所需、个人兴趣所好和力之所能的原则对自己的职业生涯进行长远思考。

另外，我们也十分注重发挥职业人文教育隐性课程的作用。在校园文化建设中，我们设立以“丝绸之路”“运河通商”“郑和下西洋”“茶马古道”为主题的雕塑，举办中国货币史的展览，张贴古代著名商人、现代财贸行业先辈的图像和名言，邀请知名财贸企业家开设专题讲座，使学生在日常生活中加深对职业的理解。在专业知识和技能课的教学中，我们有意识地渗透职业精神、职业伦理的教育内容，使学生确立“做人先于做事，正确的价值观重于娴熟的职业技能”的意识。在学生日常管理和教育中，我们精心设计了爱心、责任、诚信、严谨、创新五个教育板块，开展经常性的学习和教育活动，构成了职业人文素养教育的第二课堂体系。

## （四）师德建设先行

教育者必先受教育。要求学生做到的，教师首先要做到。以教风带学风是校风建设的基本途径。要实现职业人文主义的教育目标，从事职业教育的人首先要培养良好的职业人文素养。所以，我们十分注重加强以师德建设为核心的教师人文素养教育，把“爱心、责任、诚信、严谨、创新”作为学院师德建设的主题，要求学院所有教职员工，无论是从事教学工作的教师和学生管理工作者，还是学院的行政和后勤管理服务人员，都要真诚地爱学生，以对学生、对社会、对国家的高度责任感对待自己的岗位职责，做诚信的表率、严谨的模范和创新工作的标兵。我们相信，只有师德优秀的职业教育师资队伍才能培养高素质的职业人。

## （五）注重知行并重

爱因斯坦说：“言辞是且永远是空洞的，而且通向地狱的道路总是伴随着理想的空谈。但是人格绝不是靠所听到的和所说出的言语，而是靠劳动和行动来形成的。因此，最重要的教育方法总是鼓励学生去实际行动。”[①]知而不行，不是真知。职业人文主义的价值理想，只有体现在学生的实际行动中，才能发挥它应有的作用。职业人文素养的培养必须注重理论和实践的结合，要利用校内实训、企业实习等实践教学环节，努力为学生创设真实的职业情景，使学生能够尽可能多地体验职业生活，逐步培养学生清晰自觉的职业意识，帮助学生在实践中认同职业价值、体验职业精神，切实养成良好职业行为习惯。

（本文原文 14500 字，压缩为 8000 字后发表于《教育与职业》2008 年第 26 期）

① 爱因斯坦文集[M]. 第三卷. 北京：商务印书馆，1979 年 10 月第 1 版：143.

## 参考文献

[1] 丁继安.论高职人文教育面向职业生活的问题[J].湖州职业技术学院学报,2004(1).
[2] 高宝立.职业人文教育论——高等职业院校人文教育的特殊性分析[J].高等教育研究,2007(5).
[3] 叶肇芳.论职业教育与人的全面发展[J].职教论坛,2000(5).
[4] 施光明.技术与人文——对当代职业教育价值取向的思考[J].职教论坛,2003(9).
[5] 刘红.职业教育和人文精神——关于职业教育目的的再思考[J].职教通讯,2004(5).
[6] 武任恒.人文主义的职业教育价值观思考[J].职业技术教育(教科版),2004(16).
[7] 刘绍斌.高职教育改革——人文教育与技能教育并重[J].常州信息职业技术学院学报,2004 年 12 月增刊.
[8] 李峻.技术教育与人文教育的契合——"批判理论"对我国高职教育的启示[J].职教通讯,2005(1).
[9] 王云刚.发掘当代职业教育自身的人文价值[J].科技创业月刊,2005(4).
[10] 李曙明,何杨勇.技术"人文性"对职业技术教育的启示[J].复旦教育论坛,2005 年第 3 卷第 4 期.
[11] 戴启昌.以人文本:高职教育的科学发展观[J].中国电力教育,2005(4).
[12] 陈新文.从人文学科到人文教育——当代高等职业教育目的反思[J].辽宁教育研究,2005(8).
[13] 何锐连.加强人文教育促进高职院校发展[J].教育研究,2006(5).
[14] 张盈,谭菲.高等职业教育与人文教育的结合[J].广东广播电视大学学报,2007(1).
[15] 王晓东,许宪国.论高职教育中人文教育与职业能力培养之关系[J].职业教育研究,2007(3).
[16] 傅龙华.高职院校人文教育的目标定位[J].职业教育研究,2007(3).

# 高职大学语文考核方案设计与学生人文素养培养

## ——以北京财贸职业学院为例

北京财贸职业学院　戴谷芳

**摘要**：高职大学语文考核方案的设计应遵循体现课程教学目标、体现课程自身特点、体现学生个性化发展和学习特点、体现形成性评价和终结性评价有机结合等基本原则。在此基础上，还应有意识地融入人文素养培养，以确保课程目标的最终实现。本文以北京财贸职业学院为例，说明了大学语文课程的考核设计方案以及如何进行人文熏陶的具体办法。

**关键词**：高职；大学语文；考核设计；人文素养

课程考核内容及方式引领着教师教与学生学的方向，在课程教学中起着导向与质量监控的重要作用。好的考核方法是课程整体设计中的有机环节，有利于较好地实现预期目标。大学语文教学中人文素养培养是课程重要的教育目标之一。如何更好地发挥考试的指挥棒作用，在课程考核的设计中有意识地融入人文素养培养，是衡量大学语文课程教学效果和教学质量的重要标准。

## 一、大学语文课程考核方案设计的指导思想

### （一）体现课程教学目标

课程教学目标是考核设计的基准。语文课程考核要根据课程教学目标，抓住关键，突出重点。高职大学语文以提高语用能力和语文素养为核心，既包括听、说、读、写能力的训练培养，也包括精神的充实、情感的丰富与人格的提升，是兼习人文文化知识，并获得人文精神陶冶的综合性教学过程。因此，在课程考核设计中既要突出听、说、读、写、语文素养这个核心能力的考查，把阅读、写作、口语表达和知识教学的考核有机统一并具体化，同时也应该把人文素养的考核有机融入进来。

## （二）体现课程学科特点

**1. 语文课程学习注重记忆、诵读，注重平时积累**

语文学科相对稳定，学好语文关键在于积累。许多名言警句、名篇佳作等，只要点拨学生用心摘记，储备于心，在语言表达时这些就会自然从记忆库中跃出，被激活、被衍化。在课程考核环节也应该考查学生日常记忆和积累情况。

**2. 语文教学内容的开放性**

从狭义来说，人文素养是指人文（文、史、哲、艺）知识和技能的内化，主要是指一个人的文化素质和精神品格。这使得语文课堂教学知识既包括听、说、读、写方面的知识与技能，同时也包括文化、历史、哲学等方方面面。这就要求教学中不囿于语文课堂教学特定的知识体系，而是着眼于语文学科，着眼于语文素养的整体提高，着眼于学生人文素养的提高。所以在课程考核方面也应不局限于教材及相关文本，考核内容应该是多元而开放的。

**3. 工具性**

工具性和人文性的统一，是语文课程的基本特点。语言的工具性只有与人文性相统一，才能焕发强大的生命力。语文中的人文性，也只有以工具性为基础，才能是有源之水，源远流长。语文课程应要求学生把所学到的基础知识、相关内容学以致用。因此，课程考核既要考查学生的基本知识储备，更应考查对知识的学以致用情况。

## （三）体现学生的个性化发展

由于语文课程内容具有开放性、多元化，因此，在课程考核中，应注重考核内容与标准的多元化。在保证达成基本目标的基础上，尊重学生的个体差异，关注学生的不同水平、不同兴趣、不同表现和不同学习需要。考核要根据学生的个体差异和个性化要求，采用生动活泼、灵活多样的考核内容与方式。

## （四）体现高职学生学习的特点

对于高职学生来说，由于他们的基础相对薄弱，因此，考核内容要注意难易适中。应该围绕课程目标，对教学内容和学情进行认真分析与确定，恰如其分地进行考核。另外，要选择合适的考核方式。由于高职学生不善于自主学习、自主复习，需要给予明确、具体的指导，比如，划定必要的考核范围，指导他们有针对性地复习。

## （五）体现形成性评价和终结性评价的结合

语文素养和人文素养的提高，都要经历一定的过程，因此大学语文课程考核要坚持发展的原则，注重形成性评价。通过形成性评价，及时反馈各种信息，调整教学，促进学生不断发展。终结性评价应建立在形成性评价的基础上，将终结性评价与形成性评价结合起来，改变过去过分关注终结性评价的观念与做法。

## 二、语文教学中人文素养培养途径

### （一）人文素养内涵

根据《现代汉语词典》，人文有两种含义，一是指人类社会的各种文化现象；二是指强调以人为主体，尊重人的价值，关心人的利益的思想观念。

从广义来说，人文素养是指一个人称其为人和发展为人才的内在精神品格，是关于人类认识自己的学问。做人的根本在于品质培养，发展人文素养就是学会做人，引导人们思考人生的目的、意义、价值，发展人性、完善人格，启发人们做一个真正的人，做一个智慧的人，做一个有修养的人。人文素养是一种潜移默化、发自内心的善的表现，是一种自动、自发、自愿地礼让与爱意，是善良与真诚的表达。

人文素养具体来说包括三个方面的内容：一是具备人文知识；二是理解人文思想；三是遵循人文精神。其中，人文精神是核心。人文精神的含义是，主张以人为本，重视人的价值，尊重人的尊严和权利，关怀人的现实生活，追求人的自由、平等与解放的思想和行为。

### （二）语文教学的人文素养培养途径

语文教学讲求人文素养的培养与熏陶，就是要培养学生的人文精神，塑造健全理想人格，使之成为知书达理，有君子之风，具备独立思考能力的公民。

语文教学的人文素养培养途径通常表现在两个方面，一是在文本的言语内容中。教材的主要组成部分是经典的言语作品，任何言语作品都承载着言语内容，这些内容体现了人文，语文教材中的言语作品更是包含了丰富的人文内容。语文教学通过对这些言语作品的人文内涵的发掘、体味，提高学生的人文涵养，使学生获得情感和精神的力量，获得对世界的理性认知。二是在教学过程中，包括教学方法、教学组织形式、教师本人的人文素养等。如采用小组学习、合作学习的方式推进教学过程，将团队意识、合作精神、细致严谨、认真负责等人文精神的培养以隐形课程形式渗透在教学中。这两种途径中第一种是重点，即在言语中感知人文，是语文教学的本质特性所在，也是语文课程的魅力所在。

## 三、高职大学语文考核方案设计与人文素养培养——以北京财贸职业学院为例

高职大学语文考核方案设计要体现课程教学目标、体现课程学科特点、体现学生的个性化发展、体现高职学生学习的特点、体现形成性评价和终结性评价的结合。同时,还要有意识地把对学生的人文素养培养渗透进去,把教学和考核有机统一起来。这样的考核方案才能促进课程教学效果的最佳化。

### (一)高职大学语文考核方案设计

北京财贸职业学院大学语文课程考核方案采用形成性和终结性相结合的评价方式。课程考核总成绩满分为100分。其中,平时形成性考核成绩占总成绩的60%,期末终结性考核成绩占总成绩的40%。整体设计上更加强调过程学习和平时的日积月累。

**1. 平时成绩**

平时成绩具体包括五部分:出勤、课堂表现与练习、课后阅读与写作训练、演讲比赛、诗歌朗诵或背诵"二选一"。

**2. 期末考试**

期末考试采取上机随机抽取试题闭卷测试的方式。共70道,以单选、多选和判断为题型的客观题,满分40分。考试题目全部选自题库,题库共有约500道客观题,提前告知学生。题库内容包括两部分:一是教材中精讲的16篇课文中的知识点与技能点;二是以文学史为线索,补充相应的人文知识试题。两部分试题各占50%。

### (二)考核中的人文素养培养

**1. 课堂表现与练习**

课堂表现与练习形式包括朗读、背诵、简答、仿写、阅读理解、小组讨论、课本表演、辩论、课堂展示等。分值占总成绩的15%。

这部分内容侧重教材文本的精读与细读,主要考核学生听、说、读等语用能力。在人文素养培养方面则强调,人文在言语形式之中,也就是在言语形式的体味中同时感知人文内涵,实现人文熏陶。此外,教师要给学生积极的鼓励,调动学生参与课堂的积极性,尽量给学生更多的自我学习、自我体会与实践的机会,使学生真正成为教学的主体。教师作为一个辅助者、促进者,以平等、诚恳、友善的态度协调课堂,营造和谐欢快的学习氛围。这种民主、平等、和谐的师生关系

也是人文内涵的一种体现。

**2. 课后阅读与写作训练**

课后阅读与写作训练主要是根据每课的教学目标，本着"一课一得"的原则，提供一些难易程度不同、分值不同的阅读与写作思考题，供基础不同、兴趣不同的学生选择，引导学生进行课外阅读与写作，并达到学以致用的目的。分值占总成绩的20%。

这部分考核内容侧重阅读、思维与写作能力的训练。在语文学习中，记忆是必不可少的，但记忆之后应当理解并加以运用，这样才能把别人的东西转化成自己的知识。例如，"《诗经》二首"这篇课文的教学重点除了学习、背诵整篇的诗经作品外，还要引导学生在"听"与"读"的时候注意诗之用，在"说"和"写"的时候自觉引诗、用诗，以提升书面语和口语的品位与表现力。根据这一目标，布置了以下课后阅读与思考题。

(1) 课文中的《诗经》句子，都曾被古人反复用在自己的语言活动中，例如，曹操《短歌行》中的"青青子衿，悠悠我心"，就是引用的《郑风·子衿》诗句；苏轼《赤壁赋》中的"诵明月之诗，歌窈窕之章"，就是引用的《陈风·月出》诗句。请你再举出至少三个例子，并说明出自《诗经》哪一首，是什么意思。

(2) 查找《诗经》名句并翻译为现代白话诗。挑选其中你最喜欢的一句，并写一段话用上它。

(3) 金庸的小说中，引用《诗经》名句的地方很多，如《射雕英雄传》中的"好逑汤"等。请你从喜欢的金庸作品中找出三处，并加以简单的点评。

这种类型的思考题在每篇课文学习结束后，都会有5题左右供学生选择，力求满足学生的个性化学习需求。其出发点就是结合课程目标，拓展学生课外阅读，指导学生课余多读书、读好书、多积累，为学生的终身发展打下良好的基础。学生读书的过程就是学生与作者对话的过程，把无声的语言变成了有声的语言，并指导学生有意识地在积累、感悟和运用中，提高自己的欣赏品位和审美情趣。这些都是人文素养培养的重要内容。

**3. 演讲比赛**

演讲比赛采取小组合作方式进行，以"大学语文告诉我"为主题。要求学生首先通过选题、收集材料、注意谋篇布局等撰写好演讲稿。其次要求注重礼仪仪表，使用正确的态势语进行脱稿演讲。演讲比赛由学生组成评委进行评价。分值占总成绩的10%。

这部分考核内容侧重演讲稿(应用文)的写作，以及在大众面前的语言表达能力，同时评价的主体也以学生为主，因此，这部分考核是听、说、读、写的综合实践。这个环节全部由学生组织，并采用小组合作的方式进行，将组织策划、团队意识、合作精神、合作技能和负责严谨等人文精神的培养，贯穿在了整个活动之中。

**4. 朗诵或背诵“二选一”测试**

朗诵或背诵“二选一”测试是让学生结合自己的兴趣或特长，或选择背诵课文中七首古诗词名篇的任意一篇(以当场抽签的方式决定)，或选择配乐诗朗诵。诗歌可以选择教材上的，也可以是教材之外的。只要主题健康、积极向上即可。分值占总成绩的10%。

这个环节强调学生语感和语言表达能力训练。背诵是人文学习的基础，是通向深刻理解、构建体系、综合应用、养成语感与品位的捷径。朗读是语文学习传统的重要方法，是积累语言、培养语感的重要途径。古诗文作为文学的一种形式，高度精练、集中反映社会生活，体现了人类社会的美。通过各种名篇佳作的反复吟诵，把学生带到诗的意境中，体味作品中反映的生活美、自然美、情感美、艺术美、语言美，在优美诗歌作品的感染熏陶下，受到美的教育。这正是在言语形式的体味中感知人文内涵，实现人文熏陶的较好途径。

**5. 上机测试**

期末考试采取的上机随机抽取试题测试的方式，有以下几个特点：一是给出了明确的考试范围，方便学生自我学习与复习，符合高职学生特点。二是提高了学生重视程度和学习兴趣。每篇课文学完后，通过做练习，进一步掌握所学要点，检验学习效果。三是增加了一些人文知识常识，拓展了学习内容。通过这个环节，让学生记住一些大学生人文基本常识，保证课程基本学习效果。四是减少了作弊，培养了学生的诚信品德。让学生通过这门课程的学习，在人文知识和人文精神两方面都能有所收获。

## 参考文献

[1] 包建新. 语文教学设计与案例分析[M]. 杭州：浙江大学出版社，2012.

[2] 何二元，黄蔚. 母语高等教育研究[M]. 杭州：浙江大学出版社，2013.

[3] 苏霍姆林斯基. 给教师的建议[M]. 北京：教育科学出版社，2013.

# 大学语文中的情感教学实践
## ——以李白《行路难(其一)》为例

北京财贸职业学院　董亚楠

**摘要**：本文阐述了情感教学的内涵及其对于大学语文课堂的重要意义，并在此基础上结合李白《行路难(其一)》(以下简称《行路难》)一诗来介绍情感教学在大学语文课堂的具体实际应用，以期为大学语文的课堂教学提供一些可供参考的方式方法。

**关键词**：大学语文情感教学

## 一、语文的情感教学

按照语文教学大纲所述①，“语文的性质应是工具性和人文性的统一”。而根据某大学所制定的大学语文教学大纲，大学语文的教学任务及目标为：首先，大学语文课的教学，要在高中的基础上，在传授语言文学知识的前提下，进一步提高学生正确运用汉语言文字的能力，提高口头表达和书面表达的能力；进一步提高学生文学作品的阅读、分析和鉴赏能力；其次，通过对经典作品的解读、赏析，培养学生高尚的道德情操和健康的审美情趣，提高自身的文化素养。

由此可见，大学语文课既要针对“工具性”这一特点，开展语文基础知识、语文阅读及表达能力的教学；同时，也应该针对“人文性”这一特点，开展语文的情感教学。但是，如今的大学语文课堂往往更重视语文知识及语文能力的教学，而忽视了语文的情感教学。造成大学语文情感教学缺失的原因很多，其中很重要的一点就是中小学阶段应试思想的影响，导致到了大学阶段，教师依然习惯将一篇美文分析成多个知识点，期末考核时依然倾向于出一份考试题目来考查学生的学习情况。因此，有人将如今的大学语文称为“高四语文”，语文课成了机械化的记忆和分析过程，教学效果、学生评价不尽如人意。

---

① 刘涛.语文情感教学的思考[J].忻州师范学院学报，2001(2).

相比于其他基础学科，语文的情感性特点最为突出，正因为如此，越来越多的语文教育工作者开始强调语文的情感教学。语文的情感教学是指[①]教师在语文教学活动中，以教育心理学理论为指导，针对当代学生的情感心理发展特征，着意突出语文作为人文学科的特点，综合融汇教学流程各个构成要素情感功能的，以充分发挥情感的动力、调节、组织等作用，激发学生积极健康向上的情感，从而达到使学生情知共进、形成健康个性、全面发展目的的一种教学模式。

换言之，大学语文课本编入的篇目均为文质兼美的经典名家名篇，是作者们有感而发、因情而生的力作，因此我们应该紧紧地把握住“情感”这条脉络，引导学生理解这份情感、并与之产生共鸣，从而加深他们对文本的理解，提升他们的认知，树立正确的观念。然而如何在具体的教学中实践这一观点？本文仅以李白的《行路难》为例，来挖掘该作品中所蕴含的情感，并尝试让学生能够对这种情感加以把握和理解。

## 二、《行路难》的情感教学实践

曾光复认为[②]，语文学科同时包含了艺术性和情感性因素在内。诗仙李白由于其潇洒飘逸、浪漫超脱的个性，兴之所至挥笔成诗的作风，写就的诗歌也因此体现了作者张狂的个性，蕴含了丰富的情感，极具艺术价值。作为教师，在带领学生解读李白的诗作时，如果仅仅是照本宣科，逐字逐句地翻译和解释每个诗句的意义，就会大大破坏李白诗作的整体美感，这样做不但不会引起学生对中国古典诗歌的兴趣，反而会让学生对中国古典诗歌产生抵触心理。

另外，李白的很多著名诗篇在中小学阶段就已经出现在教材中，如何在大学阶段将学生所熟知的名家名作加以重新阐释，让学生对李白及其作品有更深层的认知？本文认为可以从以下几方面着手。

### （一）深入理解作品的艺术境界

大学语文所选择的这些篇目都是极富艺术价值的作品，只有带领学生进入这些篇目的艺术境界，才能更好地理解作品的情感世界。

众所周知，古代的诗文作品同绘画、书法作品一脉相承。一幅画究竟是否精妙，不在于它是否临摹准确，而在于这幅画是否能够体现出画家在作画时的情绪；一部好的书法作品也绝非横平竖直，而应该是动态的，能够表现出书法家在

① 刘涛.语文情感教学的思考[J].忻州师范学院学报，2001(2).

② 曾光复.语文教学中的情感投入[J].语文教学与研究，1997(8).

创作时的运笔、心境。无论是书法还是绘画，好的作品都应该是充满动感的、情绪饱满的。上等的诗作也是如此。

李白的诗歌之所以能够成为中国文学史上一颗璀璨的明珠，一座艺术丰碑，也正是因为他的诗歌大都是随兴所至、挥笔而成，因此大都是诗人情绪的即时体现，故而诗篇也“活”了起来，充满了生命的韵律之感。《行路难》就更是如此，这首诗就如同作者的“心电图”，情绪在短短数行诗文间忽而高昂、忽而低落，跌宕起伏，诗文也因此跃动起来，成为一篇不可多得的艺术佳作。

因此，在讲授李白的这首诗时，应该对学生加以引导，让他们认识到流露真性情才是一切艺术珍品、文学佳作的核心所在，要带领他们深入理解这部作品的艺术价值，从而体会李白其人、其诗的魅力。

### （二）竭力挖掘作品内部所蕴含的情感因素

文学是表达作者内心情感的载体，教师不应该仅仅是把这些诗文视为一种工具，一味地分析作者的写作技巧；而是应该深入挖掘文字背后所蕴含的情感，这样方能吸引学生、感染学生。

李白的《行路难》蕴含了丰富的情感，这种情感究竟因何而生？如何变化？只有学生了解了李白创作本诗的背景，才能够深入理解诗人创作时的情绪、诗篇所蕴含的情感。

在讲授诗作前，教师应该简单介绍大诗人李白的一生，让学生对李白的性格、际遇、才学等都有一个基本的了解。满腹才学、一腔抱负的大诗人李白，憧憬着到长安都城、皇帝身畔实现自己的政治理想，不想最终却落得个赐金放还的下场。出于对这位天才的惋惜之情，同时也出于对朋友的依依惜别，李白的朋友摆下一席盛宴，为他践行。面对着美酒佳酿、玉盘珍馐，大诗人李白思绪万千，写下了这首《行路难》。

因为现实中的郁郁不得志，所以诗歌中的内容时而情绪低落；因为李白究竟是李白，个性张狂、洒脱飘逸、积极乐观，所以诗歌中的内容时而情绪高涨，并在最后达到感情的顶峰。诗歌就这样随着李白的心绪辗转腾挪，情感丰富，变化万千。这正是这首诗的精彩所在。

### （三）采用恰当的教学语言

能够被大学语文所选的篇章，不仅仅是因为它们的传情达意、情真意切，同时也由于它们有着较高的审美意趣。一篇篇文质皆美的文章，如果教师仅仅强调其“质”，用直白的语言来进行讲授，必然会大大破坏文字的美感，抹杀了语文课的精彩之处。鲁迅先生曾说过“音美以感耳”①，要想引起学生对这些篇章的学习兴趣，除了深入挖掘文本的内涵以外，教师还应该使用恰当的教学语言。怎样才是恰当的教学语言呢？

首先，语言风格需契合作品的情感。李白的《行路难》乃诗人酒酣兴致时所写，饮酒后最是人们真情流露之时。现实遇挫处，应似“平生不下泪，于此泣无穷”般悲痛；怀揣希望时，又应似“仰天大笑出门去，我辈岂是蓬蒿人”般恣意。教师在品读诗歌时，也应随着作者的情绪而改变自己的语言风格。教师如果在讲授李白诗歌时只是一味地激情澎湃，讲授杜甫诗歌时只是一味地沉郁顿挫，必将会影响学生对诗文、对作者情感的理解。

其次，教学语言需富有一定文采。一堂精彩的语文课，不仅是内容的设计精巧，更需要辅以优美的辞藻。如果一堂课多是照本宣科，车轱辘话来回说，其教学效果可想而知。因此，教师的语言务求凝练、精准，适当地使用成语，运用修辞，适时地旁征博引。这样才能凸显语文课的魅力，让学生体味文字的美感。

最后，运用多种语言形式调动学生的情感。除了教师的口头语言外，还可以采用教师体势语言、图像语言、学生朗读等多种语言形式来调动学生的学习热情，感受作品的情感。在品析《行路难》时，教师可以借助一些动作、表情，来表现李白在创作时情绪的起伏变化；也可以让学生画折线图，通过这种更为直观的方式来展现李白心情的起起落落；还可以让学生在理解了诗文内容、作者心情的基础上，朗读该文。

多种语言形式、语言风格的综合运用，将会使教学语言丰富且具有吸引力，引发学生对汉语言文字、对这些经典文本的兴趣。

### （四）用心把握作品动人之处

当语文教师在阅读《行路难》时，除了对李白的才情，对作品文字的欣赏以外，还应该敏锐地把握住该篇诗文任何一处吸引自己、打动自己的地方，并把这种感受用恰当的语言传递给学生。

李白的《行路难》是根据魏晋时期鲍照的组诗《拟行路难》创作的。鲍照因为出身草根，无人举荐，所以始终无法入朝担任要职。政治抱负、远大理想无从实现的鲍照，情绪颇为低落，故而借酒消愁，同时创作了《拟行路难》。从《拟行路难（其四）》中，我们能够感受到鲍照的失落、犹豫，以及最终的放弃抗争。李白的《行路难》正是在这首诗的影响下写就的，甚至很多词句、意象都是从鲍照的原诗中借用的。因为此时的李白和当初的鲍照一样，正当自己想要大展宏图、发挥才

① 鲁迅.汉文学史纲要[M].上海：上海古籍出版社，2005.

干的时候，却被现实无情地打落在地。

同样是理想的夭折，同样是前路困难重重、坎坷甚多，李白又是如何对待的？虽然他也时而流露出抑郁、甚至绝望的情绪，但是最终，他性格中的开朗乐观占据了上风，所以才会发出“长风破浪会有时，直挂云帆济沧海”的生命强音。

面对同一景况，不同性格的人却会有完全不同的处理态度，鲍照选择的是消沉、让步、放弃抗争，而李白却不会被残酷的现实打败，始终对生活的前路抱有期望。李白的作品吸引我们的除了他的天才之外，同时还有他积极乐观的人生态度，这正是李白的人格魅力所在。作为教师，我们应该引导学生认识到李白在性格上的这一特点，帮助他们树立一个积极开朗的人生观、价值观。

总之，正所谓“一千个读者心中就有一千个哈姆雷特”，每个人对文本的理解是不同的。作为语文教师，只有首先从一个读者的角度，深入地去探究作品本身的感人、动人之处，然后选择恰当的语言将自己的感受传递给学生，才有可能引起学生对文本、对作者本身的兴趣。如果每一个教师都是按照所谓的大纲进行备课，而不去对文本本身进行深入理解，那么大学语文课必将因为没有了情感内涵而变得索然无味。

## 参考文献

[1] 曾光复.语文教学中的情感投入[J].语文教学与研究，1997(8).

[2] 刘涛.语文情感教学的思考[J].忻州师范学院学报，2001(2).

[3] 马永春.《大学语文》教学情感素质培养的途径和方法[J].大理学院学报，2003(6).

[4] 张艳.浅论语文情感教学[J].和田师范专科学校学报(汉文综合版)，2006(6).

[5] 陈洪.在改革中加强“大学语文”课程教学[J].中国大学教学，2007(3).

[6] 张景.高职《大学语文》课程教学改革探讨[J].基础教学研究，2008(3).

[7] 洪群英.高职院校《大学语文》课程教学法探析[J].大众文艺，2009(3).

[8] 李富强.高职高专《大学语文》教法思考与实践[J].焦作师范高等专科学校学报，2009(6).

[9] 陈善劝.高职语文：苏轼《定风波》单元教学设计探索[J].黑河学刊，2009(6).

[10] 张珺.高职院校大学语文课程建设的探索与思考[J].科教文汇，2009(9).

[11] 汪杨.从“大学语文”到“大学人文”[J].安庆师范学院学报，2010(3).

# “以和为美”——音乐教育的德育功能研究

北京财贸职业学院　汪超

**摘要**：和谐，是音乐的审美追求，是中国传统文化的精神追求，是社会主义核心价值观国家层面的精神追求。本文通过对这三个不同层面的追求进行分析与解读，结合人与自身的和谐、人与社会的和谐以及人与自然的和谐这三个层次，以和谐为主线，从德育对象的角度出发，阐述了音乐德育的三个层次，为培育和践行社会主义核心价值观视域下的高职德育创新做出积极探索。

**关键词**：音乐；和谐；审美；社会主义核心价值观

和谐是中西方最早产生的美学理念。在音乐中，人们对于和谐的审美需求可以追溯到音乐的产生之初。在几千年的发展过程中，和谐这一理念更是渗透到了文化生活的各个层面，成为全人类共同的精神追求。2012 年 11 月，党的十八大报告首次以 12 个词概括了社会主义核心价值观。其中，在国家层面提出的第四个价值目标就是和谐。本文试图对音乐层面与传统文化层面中的和谐进行分析，以便更好地实现音乐教育中的德育功能，培育和践行社会主义核心价值观。

## 一、音乐的和谐理论

在音乐审美尺度的建立过程中，虽然中西方对于和谐的认知具有不同的哲学前提，对和谐的理解具有不同的角度，并形成了各具特色的和谐观理论，但和谐一直都是人们共同追求的审美目标。随着中西文化的相互融合，音乐的和谐理论也会随之产生新的碰撞与影响，体现新的时代特征。

### （一）“乐者，天地之和”——中国音乐的和谐观

中国音乐的和谐理论最早来源于周代的礼乐制度。统治阶级认识到音乐不仅具有教化的作用，还具有“以礼乐合天地之化，百物之产，以事鬼神，以谐万民，以致百物”（《周礼·春官宗伯》）等多种功能。[①] 在礼乐思想的影响下，西周诞

---

① 中国大百科全书：音乐舞蹈卷[M]. 北京：中国大百科全书出版社，1989.

生了我国第一个名为“春官”的礼乐机构，这使得礼乐制度得到了很好的传承，并促进了礼乐的发展。礼乐制度也成为后来儒家音乐伦理思想中的重要组成部分。

儒家的音乐理论认为，音乐能改善社会风气，促进社会和谐。在中国第一部音乐理论著作《乐记》的乐论篇中写道：“乐者，天地之和也；礼者，天地之序也。和，故百物皆化；序，故群物皆别。”[①]这部著作继承与发展了自孔子以来的儒家诸子对先秦时期的音乐教育思想理论，论述了音乐在政治、社会、人民生活等方面的积极作用，并提出了许多重要的儒家音乐思想。可以说，这部著作不仅奠定了我国古代音乐美学的基石，也奠定了我国音乐教育的理论基石。《乐记》中所提倡的礼乐教育思想不仅对封建社会时期的政治统治有着深远的影响，在当代社会，其对音乐的德育功能也起着重要的启示作用，为构建和谐社会提供了理论依据。音乐作为一种无国界的语言，对促进整个人类社会的和谐发展也起着重要的推动作用。和谐观不仅是中国音乐的灵魂与核心，也体现了中华民族的优良品德与共同理想。

### （二）“数与音乐”——欧洲音乐的和谐观

欧洲音乐的和谐观主要源于古希腊的音乐哲学观。英文的“和谐”一词就是从古希腊音乐术语“和声（Harmonia）”发展而来的。在古希腊传说中，Harmonia代表着和谐女神。Harmony一词在音乐学中的含义为两个或两个以上不同的音同时发声而构成的音响组合，后来才引申为人与人之间，事物与事物之间协调、有序的组合。

古希腊著名的数学家、哲学家毕达哥拉斯最早提出了“音乐和谐论”。他认为，整个宇宙就是一个和谐的整体，并且是按照数的和谐关系建立起来的，而音乐则揭示了数与和谐的基本性质，因此音乐的和谐体现了混沌宇宙中存在的秩序现象。柏拉图继承了毕达哥拉斯一部分的音乐理论，也非常重视音乐与和谐的关系。他认为，音乐能够进入人的听觉并被人所接受，是因为人类有着和谐的本性。毕达哥拉斯学派的音乐理论观点对欧洲音乐理论、音乐美学与音乐哲学的形成和发展影响深远，奠定了音乐是美与和谐体现的理论基石。

## 二、社会主义核心价值观对和谐的解读

和谐是中国传统文化的基本理念，社会主义核心价值观中对和谐的倡导，集

① 孙星群. 乐记研究与解读[M]. 北京：人民出版社，2012.

中体现了学有所教、劳有所得、病有所医、老有所养、住有所居的生动局面。它是社会主义现代化国家在社会建设领域的价值诉求，是经济社会和谐稳定、持续健康发展的重要保证。①

儒家经典《中庸》开篇第一章即书："和也者，天下之达道也。致中和，天地位焉，万物育焉。"儒家把"中"看成天下万事万物的根本，"和"看作对天道的追求。如果达到适中、和谐的状态，天地万物就能各自恰如其分、生发有序。

道家经典《道德经》中说："万物负阴而抱阳，冲气以为和。"老子认为，万物都存在阴阳两面，阴阳二气相互交融，达成平衡、谐和的状态。除此之外，道家所提倡的"道法自然""辩证趋反""无为而为"等主张，也体现了道家的和谐理念。在自然顺势的过程中，能够将事物对立面协调起来，才是至高的和谐境界。

由东晋高僧法显所译的《大般涅盘经》中，最早体现了佛家的和谐理念。佛陀规定比丘要修习的"七法"，第一法就是"欢悦和谐，犹如水乳"。经书中也提出了"六和敬"的思想，强调修行者需对外和谐，内自谦卑。

中国文化的精髓是和谐。自古以来，中国就主张和谐，《论语》曰，"礼之用，和为贵，先王之道斯为美"。在社会主义核心价值观中，提出的"和谐"这一概念，是我们中华民族的优秀传统文化，也是具有普世价值的理论观念。

## 三、以和育人——音乐德育功能的三个层次

在探讨音乐的德育功能上，通常有两种角度：一种是以音乐教育为主体，以德育性为导向。在这种情况下，应提高音乐教育者的德育意识、强调音乐的德育内容、充分发挥音乐教育的育人作用。另一种是以思想政治工作教育为主体，以音乐教育为手段。在这种情况下，音乐教育者与思想政治教育者要充分合作，发挥音乐教育直观性的特点，借助思想政治教育和音乐教育、素质教育以及校园文化活动中的合力等。

中国传统文化中的和谐理念包括三个层次的内容，分别是人与自身的和谐、人与社会的和谐以及人与自然的和谐。在这三个层次中，作为主体的人，完成了自我修炼与行为外化的全过程。因此，音乐教育的德育功能，本质上应是对人的教育。下文将着重从学习主体的角度，探讨其在音乐的教育过程中，所能达到的相对应的三个学习层次。

① 教育部中国特色社会主义理论体系研究中心[N]. 人民日报，2013-05-22.

### （一）学会自乐

音乐教育应以兴趣为桥梁，强调“润物细无声”的教育过程。在由兴趣入手，逐渐往能力培养的过程中，学生才能发掘到学习的乐趣。因此，学会自乐，是学生在音乐学习中所要达到的第一个层次，达到音乐与自身和谐的状态。具体来说，音乐教育主要有欣赏和实践两种方式。音乐是一种声音的表现艺术，其音符的表现背后蕴藏着大量的想象空间。在欣赏音乐的过程中，学生可以根据自己的想象来诠释心中的音乐，在这一过程中他的想象力及跳跃性思维得到了扩展。音乐实践的锻炼，需要的是在短时间内，将所看到的音符和各种标记记住，随后通过大脑发出指令，让肢体进行相应的活动，这一系列的动作在不知不觉中就锻炼了学生的手脑协调能力。通过音乐的学习，可以促进学生心理与情感的和谐发展，有利于培养学生的艺术欣赏水平，提高人文素养。

### （二）与人同乐

音乐的表现，大多数时候是一种合作的艺术。简单的一首歌，一支乐曲，通常也需要与伴奏合作。而室内乐、合唱、交响乐队等复杂多样组合更是强调合作的默契。因为合作不单单是对一个人音乐技巧的要求，更加注重的是团队合作，表演者配合的默契程度决定一支乐曲演奏的优劣。学生的合作意识是非常重要的。因此，与人同乐，是学生在音乐学习中所要达到的第二个层次。通过音乐这个交流平台，可以构建和谐的人际关系与校园文化。更进一步设想，在探讨实现社会主义核心价值观，构建和谐社会这个相当宏大的命题时，回溯至音乐德育的和谐观层面，也许是朴素地回归至本真的起点。

### （三）培养情操

人在精神层面上与自然的和谐达到一致，即所谓“天人合一”的状态是人与自然和谐的最高层次。在音乐教育中，培养高尚的情操则是音乐德育的最高目标。无论是音乐的欣赏或实践，都是具有极强艺术感染力的审美活动。在这一审美活动中，除了有审美感受能力以及审美的表现能力的培养，还蕴含着思想道德、人文素养、伦理道德的潜移默化。音乐教育的方式不应是一种单纯的演示与说教，而应通过一段优美的旋律、一个鲜明的音乐形象、一场淋漓尽致的演出，将生动的音乐内容呈现给学生，音乐的美感就会逐渐渗入学生的心灵世界。而学生通过充分的体验，感受到美的熏陶，进而将美沉淀下来，在精神上有了对美的追求，并愿意用美的标准来审视自己的行为。这一过程，是学生进行不断自我完善的过程，也是“润物细无声”的音乐德育过程。

学校的教育要以立德树人为根本任务，社会主义核心价值观为学校的德育工作提出了具体的要求，只有坚持德、智、体、美均衡发展的教育，才能培养出优秀的人。因此，在本文的最后，借用蔡元培先生的一句格言作为音乐的德育准则：“美育者，与智育相辅而行，以图德育之完成者也。”

## 参考文献

[1] 中国大百科全书：音乐舞蹈卷[M].北京：中国大百科全书出版社，1989.

[2] 孙星群.乐记研究与解读[M].北京：人民出版社，2012.

[3] 深刻理解社会主义核心价值观的内涵和意义[J].教育部中国特色社会主义理论体系研究中心.人民日报，2013-05-22.

# 优化大学语文教学　提高学生人文素养

北京财贸职业学院　吴明靖

**摘要**：大学语文课程承担着加强大学生文学教育、提高人文素养的重要使命。立足高职学生的实际情况，通过优化大学语文教学内容和教学方法，挖掘文学作品的人文内涵，从对“文”的解读上升为对“人”的领悟，使知识内化为学生的修养。

**关键词**：人文素养；语文教学；职业教育

教育部在《关于加强大学生文化素质教育的若干意见》中指出：“大学生的基本素质包括思想道德素质、文化素质、专业素质和身体心理素质，其中文化素质是基础。我们所进行的加强文化素质教育工作，重点指人文素养教育。主要是通过对大学生加强文学、历史、哲学、艺术等人文社会科学方面的教育，同时对文科学生加强自然科学方面的教育，以提高全体大学生的文化品位、审美情趣、人文素养和科学素质。”文件明确指出，加强文学、历史、哲学、艺术等人文社会科学方面的教育，是提高大学生人文素养的必经之路。大学语文课程作为非中文专业的公共基础课，承担着加强大学生文学教育、提高人文素养的重要使命。

## 一、人文与人文素养的内涵

“人文”一词出自《周易・贲卦》，“刚柔交错，天文也；文明以止，人文也。观乎天文以察时变，观乎人文以化成天下。”这里的人文，是与作为天文的自然现象相对而言的，主要是指人类社会的各种文化现象，包含着文治教化之义。中国的教育有着悠久的人文主义传统，古代以儒家学说为主的教育，以造就“君子”理想人格为目标，《礼记・大学》开篇点明了教育的宗旨，“大学之道，在明明德，在亲民，在止于至善”。即弘扬美好人性，改良社会风气，培养健全人格。西方的人文主义源于文艺复兴，反对神权，肯定人性，提倡个性解放和自由平等，崇尚理性，反对愚昧。虽然不同社会、不同历史阶段，人文的含义不尽相同，但其核心是相通的，即对人的尊重和关怀，强调人的主体性，强调文化品格和精神价值。

“所谓人文素养，是指对人的深刻认知和对人的终极关怀。具体而言，要确立做人的基本品德，要遵循社会基本的道德规范，要有审美情趣与艺术精神，追求人生和社会的美好境界。”一个人的人文素养，是认知能力、文化教养、思想境界、品德情操的综合体现，包括知识、能力、素质三个层面，在吸取人文知识的基础上，能够运用人文知识解决问题，在知识积累和长期实践中形成正确的人文态度与人文精神。高校人文素养教育就是要将人类优秀的文化成果通过知识传授、环境熏陶，使之内化为学生做人的基本态度，成为学生相对稳定的内在品格和修养。

大学语文课是进行人文素养教育的良好载体。“别的东西可以是技能，学了之后打工、干活，语文不是这样，语文是灵魂依靠的东西，或者说它是一种以无用达到有用的学问。”语文课程可以帮助人从文学作品中领略自己从未领略过的生命过程，文学的审美价值更能在潜移默化中感染学生的情绪，启发学生的心智，帮助学生摆脱心灵的困境，明辨美丑善恶，形成健全人格。

## 二、大学语文课程的定位

近年来，关于大学语文“人文性”和“工具性”孰轻孰重争论不休。仔细梳理教育部关于语文教育的指导性文件，就能明确不同阶段语文课程的定位。

教育部颁发的《全日制义务教育语文课程标准》和《高中语文新课程标准》对于课程性质的表述相同。“语文是最重要的交际工具，是人类文化的重要组成部分。工具性与人文性的统一，是语文课程的基本特点。”但是对于小学、初中、高中各阶段语文的定位却有差异。义务教育阶段主要以基础知识学习和技能训练为主，让学生“具有适应实际需要的识字写字能力、阅读能力、写作能力、口语交际能力”。高中阶段是“进一步提高学生的语文素养，使学生具有较强的语文应用能力和一定的语文审美能力、探究能力，形成良好的思想道德素质和科学文化素质，为终身学习和有个性的发展奠定基础”。应该说，中小学阶段的语文是以工具性为主的，随着年级的升高而逐步兼有人文性。

根据教育部高教司《大学语文教学大纲》的指导意见，“在全日制高校设置大学语文课程，其根本目的在于充分发挥语文学科的人文性和基础性特点，适应当代人文科学与自然科学日益交叉渗透的发展趋势，为我国的社会主义现代建设目标培养具有全面素质的高质量人才”。由此可见，大学语文的重点不是工具性，而是人文性。

经过中小学阶段大量的语文训练，大学生已经具备了基本的语文素养。虽然目前大学生，尤其是高职学生的语文水平有下滑的趋势，但高等教育阶段的语文课已经由中小学阶段的核心课变为公共基础课，课时大大缩减，教师不可能有充分的时间对学生进行大量的基础训练。所以，开设大学语文绝不是为了“补课”，“主要目标应该是通过文、史、哲、艺等文学文化名著的导学，进一步拓展学生的人文视野和学术视野，拓展阅读面，系统和梳理已学知识，获得创造性研究和思考的能力”。大学语文的定位应该由工具本位走向人文本位，打破学科的狭隘观念，实现文、史、哲、艺等人文学科的交融，并体现出与时俱进的特点，以适应培养创新型和复合型人才的要求。考虑到高职学生语文知识相对薄弱的现状，高职的大学语文教学侧重于人文素养的培养，同时兼及学生语文能力的提升。

## 三、优化大学语文教学的关键

高职教育强调专业学习和技能训练，学生的目的性很强，把专业课程称为“饭碗课”，把公共基础课程称为“打酱油课”，大学语文毫无疑问属于后者。再加上中小学阶段机械灌输、重复训练的教学方式，让学生把大学语文当成“高四语文”，更加兴趣索然。要想打破学生对于大学语文的成见，必须优化大学语文教学，在有限的课时之内展现出无限的人文魅力，创造出和中学语文不一样的精彩。

从大学语文教学的角度，笔者将“人文”二字拆分理解，“人”即是“人心、人性、人格”，“文”即是“文字、文学、文化”。“文”是根本，“人”是提升。“文字、文学、文化”是路径，“人心、人性、人格”是结果。优化高职大学语文教学的关键在于如何围绕“文字—文学—文化”进行合理的教学设计。其中，文字是前提，选择的篇目一定要文辞优美，能让学生在阅读中体验语言文字表情达意的精妙；文学是基础，通过对作品的解读和思考，与文本对话，与作者产生心灵碰撞，获得审美愉悦和精神满足；文化是拓展，凭借文学作品开阔学生的社会文化视野，提高对文化的认知和反思能力。在此基础上，学生能够从作者的时代背景、人生际遇、精神境界、价值取向中，领悟文学与历史、社会、生活的关系，对于作者和作品产生心理共鸣，充满人文关怀，从而净化心灵，提升人性，完善人格。通过这样的横向拓展和纵向深化，课文就不再是一篇单独的文章，而是融合了文学、历史、哲学的文化立体景观。

大学语文的人文性体现在教学上，要做到以人为本，着眼于学生的长远和全面发展，选取有利于学生认知并能对学生的情感、思想和行为产生巨大影响的经典作品，以“文字—文学—文化”为主线，从对“文”的解读上升为对“人”的领悟，使知识内化为学生的修养。以《楚辞·渔父》为例，文字层面是掌握文言字词，流畅阅读课文，了解《楚辞》的语言特点和对后代诗文的影响。文学层面是分析文章的人物、情节、结构，认识屈原和渔父不同的处世态度，体会文章生动形象而又富于哲理的艺术特色。文化层面是从课文中渔父形象引申出中国古代文学中渔樵意象的文化内涵，引导学生思考儒家思想和道家思想的差异。完成对“文”的拓展之后，还要对“人”进行进一步深化。教师组织学生讨论对于屈原投江自沉的认知，让学生体会屈原的心境，产生心理共鸣；引导学生查阅后世悼念屈原的诗词文章，让学生感动于屈原的爱国情怀和高洁品质，崇敬他的伟大人格，树立正确的价值观和生死观。

## 四、通过语文教学提高人文素养的途径

### （一）明确大学语文的教学目标

高职的大学语文面对的学生生源复杂，语文水平参差不齐。如何在有限的教学时间之内，在考虑学生接受水平的前提下，充分发挥大学语文培养人文素养、提升语文能力的作用？根据高职的人才培养目标，结合高职学生的语文学习现状，大学语文应该树立明确的教学目标，注重课程的人文性以培养人文素养，突出课程的实践性以提升语文能力。

在知识目标层面，以课文为点，以文学史为线，以历史文化常识为面，通过教师引导和学生自主查找资料相结合的方式，拓宽知识领域；在能力目标层面，围绕课文设计教学任务，鼓励学生自主学习和探究，继续培养学生文学方面的阅读、理解、欣赏能力，提高语言文字的运用表达能力；在素质目标层面，通过开放式教学，锻炼创造性思考和研究的能力，进一步开阔学生的文化视野，提高学生的思想境界、审美能力，提升学生的人文素养和职业素养。

### （二）精选大学语文的教学内容

大学语文课程本身的容量极大，古今中外的文学作品都有涉及。作为公共课的大学语文，文学教育只是人文教育的途径而非目的，教学篇目贵精不贵多，其选择标准是“这些篇目应当具有现实启发性，能够参与现代文明建构，成为丰富学生精神涵养的重要元素”。

高职学生基本能通顺阅读现当代选文和外国选文并理解大意，授之以鱼不如授之以渔，教师挑选有代表性的篇目进行文本细读，传授学生对于文学作品研读的方法，让学生自己举一反三去阅读类似的作品。对古代文学除了解读作品本身的文学性、文化性、思想性、艺术性，还要适当进行现代性阐释，对接学生的现实生活。例如，从《谏逐客书》谈论给上级提意见的技巧及注意事项，从《长恨

歌》启发学生正确处理个人情感和社会责任的关系。这样的教学让大学语文不仅传承了优秀传统文化,还古为今用,实现了文化创新。

## (三)设计多样化的教学活动

高职学生思维活跃,动手能力比较强,喜欢参与体验活动。大学语文改变教师主讲的传统教学模式,以任务为导向,多设计一些教学活动,既调动学生的学习兴趣,又将语言文字的运用能力落到了实处。

教学活动"可根据教学大纲中的重点、教师在教学过程中获知的难点或者学生自身的兴趣点来确定,也可以将这三点结合起来,落实到具体的教学单元和课文中"。教学活动的组织方式要灵活和多样化,既可以作为课程活动单独开展,也可以与学校、系部、班级的活动相结合;既可以学生个人参与,也可以组成团队;既可以是书面表达,也可以是口头表达。结合课程所学内容,每个单元设计一个学生自主思考、自主探索、自主完成的项目,做到课内与课外结合,知识与能力兼顾,培养学生主动学习、创新思维和团队合作能力。

## (四)实行多元化的评价方式

高职的语文教学不是为了应试,考核中应淡化标准意识,不走中小学"一张试卷定乾坤"的老路,应以全面提高学生的语文水平为目的,关注学生的人文知识、人文素养,从甄别式评价转向发展性评价,实行多元化的评价方式。

大学语文要以过程性考核为主,终结性考核为辅。将总评成绩分为平时成绩和期末考试两部分,平时成绩的比重稍大,加强过程考核,克服"平时不烧香,临时抱佛脚"的弊病。平时成绩细分为课堂表现、作业完成、小组活动、个人展示等多个项目,确定基础分值和加分分值,把学生的完成情况一一记录下来,及时反馈,鼓励学生改进和提高。平时成绩的评价既要关注学生的学习结果,更要关注学生的学习过程,通过教师评价、同学评价和学生本人评价,帮助学生认识到不足,明确努力的方向,激励学生进步。

## (五)凸显职业教育特色

高职的人才培养周期较短,没有本科院校那样充裕的时间进行全方位的人文素养教育。因此,高职的人文素养教育必须立足职业教育的实际,围绕"高素质技能型"人才的培养目标,"注重培养既能胜任技术操作又能和谐融入社会充满人文关怀具有可持续发展和时代气息的职业人"。人文教育与职业教育的融合,是高职人文教育的落脚点。人文素养教育立足学生未来的职业需求,教会学生一些立身处世的原则和方法,更能激发学生的学习热情。

大学语文教师在组织教学时，要充分考虑就业市场对人才综合素质的要求，凸显职业教育的特色。在能力培养方面，大学语文的教学内容与专业学习相结合，设计与专业能力培养相得益彰的活动。例如旅游专业，可选择游记和山水诗词作为重点讲解内容，作文以"家乡美"为题。在精神培育方面，通过文学作品挖掘伦理道德的价值，使学生明白做人先于做事的道理，保持良好的道德情操，走上工作岗位之后乐业、敬业、勤业。通过接地气的教学，让学生明白尽管语文不能直接转化为技能，但可以让人生和职场更精彩。

## 参考文献

[1] 华羽．人文素养是大学生的优势竞争力[N]．光明日报，2013-12-31．

[2] 孔庆东．大学语文的教学改革方向[J]．中国大学教学，2006(7)：20-21．

[3] 彭书雄．基于人文素养培养和语文能力提升的大学语文教育改革论[D]．华东师范大学硕士学位论文，2006．

[4] 吴俊，刘佳人．试论当代大学生人文素养的培养——兼论大学语文教育[J]．贵州师范学院学报，2011(8)：48-52．

[5] 沈琳．融工具性、人文性和审美性于大学语文教学[J]．安徽农业大学学报(社会科学版)，2006(1)：121-123．

[6] 金雁．职业性与高等性：高职人文教育开展的两个向度[J]．现代教育管理，2011(7)：89-91．

# 通识教育理念下高职语文人文素养培养的思考

北京电子科技职业学院　杜鹃

**摘要**：高职教育中的语文面临着基础教育中前所未有的困境，举步维艰。一时间工具论大行其道，以"为专业服务"为目标，而迷失了语文的本质。本文试从通识教育的理念出发，树立高职语文文学教育的理念，探索高职语文如何以文学教育为基石，落实人文素养教育，从而走出高职语文所面临的困境。

**关键词**：通识教育；高职语文；人文素养；文学教育

在高职教育的课程体系中，语文被赋予基础文化课的定位，承担着对学生进行人文素养教育的任务。一方面，各方力量希望通过语文课，既能提高高职学生听、说、读、写的语文能力，又能实现对学生的人文素养教育；另一方面，不少高职院校不同程度地存在着"重专业，轻人文"的现象，为保证专业课的教学，压缩或直接取消语文课，语文课成为可有可无的点缀。语文课程在高职教育阶段不受重视，语文教育岌岌可危。高职语文课程承载着众多的期盼，又受到诸多的限制，犹如一位"戴着镣铐的舞者"，舞步蹒跚，无法真正体现学科价值，反而在"为专业服务"的潮流中迷失了语文学科的本质。

## 一、通识教育：高职语文教育助力学生全面发展

通识教育源于古代西方的自由教育。对于通识教育，从不同的维度去认知它会得出不同的概念："就其性质而言，通识教育是高等教育的组成部分，是所有大学生都应接受的非专业性教育；就其目的而言，通识教育旨在培养积极参与社会生活的、有社会责任感的、全面发展的社会的人和国家的公民；就其内容而言，通识教育是一种广泛的、非专业性的、非功利性的基本知识、技能和态度的教育。"基于这一理念，高职语文作为一门基础文化课更能体现出人文学科的特性，它关系到学生的终身发展，看似无用，却有大用。高职语文可以从课程内容、教学方法等方面对学生进行人文通识教育，侧重于完善学生的人格，涵养人文精

神，潜移默化地提高学生的品位和格调，激发其对社会、对他人的人文关怀，提高学生的人文素养，从而与专业教育一同助力学生的全面发展。

## 二、文学教育：高职语文人文素养教育的落实平台

在通识教育的理念下，语文学科人文性的特质显得越发重要，高职语文应以人文素养教育为核心展开学科建设。人文素养教育是塑造人类灵魂的教育，它追求的是人格的健全发展，就是要让受教育者明白"人之所以为人"，更在于心灵的滋养，精神的富足。在高职语文教育中，提高学生的人文素养教育，就是以道德、人文、审美等方面的修养来滋养学生的心灵，而道德、人文、审美等多棵大树无不深深地植根于文学的沃土，文学教育承载着丰富的教育功能。文学教育以各民族优秀的文学作品给人以情感、道德、语言、能力、精神等方面的影响，从而渗透在一个人的言行举止当中。人文素养教育涵盖许多方面，而文学教育之于人文素养的根基作用不容小觑。因而，高职语文应以文学教育为平台，落实人文素养教育，也正是通识教育理念的体现。

就目前的教育现状来看，语文课应承担起文学教育的任务，这也是语文学科的人文性所决定的。文学教育与语文教育联系紧密，不可分割，却各有侧重。语文教育侧重于语文知识的传授和语文能力的训练，文学教育则是通过文学的方式培养人文素养，感化心灵。文学教育应当在语文教育的基础上，通过优秀文学作品的阅读，使学生在学习语言的同时，受到文学"润物细无声"的审美教育、情感教育、道德教育等。高职阶段的语文课程已经摆脱了高考的应试教育，可以撇开语文知识和语文能力的单调传授与枯燥训练，引导学生放眼于古今中外优秀文学作品之中，从文学的沃土中汲取营养，开阔视野，丰富情感，提升境界，美化心灵，从而提高自身的人文素养。高职的专业教育重视学生技能的强化训练，在短期内即可凸显效果，而文学教育的效果需要随着时间的增长慢慢沉积、固化，这与高职教育的现状是相悖的，但这并不能掩盖文学教育的光芒，文学之于人的教化、感化不可抵挡，一个有一定文学素养的人能够更好地立足于当今多变的社会。因此，在通识教育观的关照下，文学教育应当成为高职语文人文素养教育落实的平台，帮助学生更好地运用自身的技能，成为真正的高端技能型人才，关乎学生的终身发展。

## 三、文学阅读：高职语文文学教育的有效途径

我国古代历来将四书五经作为传统教育的经典进行阅读和学习，这也说明

我国自古以来就十分注重文学教育。我国著名语文教育家张志公认为语文课应当重视文学教育。他认为古今中外优秀的文学作品都是“语言的艺术”，能够对学生进行语言训练，同时可以培养学生的道德、情操、品位等，“它通过形象的感染，使学生潜移默化地受到思想感情的陶冶”。在美国，哈佛、斯坦福等著名大学形成了以古典文学为核心的通识教育，重视学生心灵的熏陶和教养，其较为成熟的文学教育不但培养了学生的人文素养，而且也使美国文学站在了世界文学的前沿，文学思潮层出不穷，令中国学者应接不暇。可见，文学阅读可以成为文学教育的入手点，从而培养和提高学生的人文素养。

文学作品，尤其是文学经典是各民族优秀文化浓缩的精华，是民族精神的载体。人们借助文学的形式表达对世界万物的认知，叙述种种经历故事，抒发丰富动人的情感。读者在阅读这些语言文字的时候，能够激发想象力与创造力，幻化出神妙灵动的形象和意境，享受精神盛宴，提升思想境界，滋养心灵家园。读《诗经》，感受先民淳朴执着的民风，解开先民生存的密码；读《史记》，透过纵横捭阖的语言去了解司马迁发自心底的呐喊；读唐诗，重构大唐盛世光景，耳边传来诗人和着历史感的吟唱；读《红楼梦》，慨叹人物不同的命运，慨叹作者精妙无比的布局与叙述，不愧为“中国封建社会的百科全书”；读现当代文学作品，历数中国的沧桑变幻，更深刻剖析中国精神，更能感受到在历史映衬下人性的复杂。这些文学作品无不承载着民族的历史与文化，对一代又一代的中国人产生深远的影响，而这种影响正是人文精神的力量。因此，文学作品阅读，尤其是经典阅读是人文素养教育的主要内容。高职语文要进行文学教育，必须以文学阅读为有效途径。笔者这里所强调的文学教育，并不是将学生培养成专门从事文学创作的人才，基本目标是使学生成为具有一定文学素养的人，不但具备基本的文学常识，而且具有对文学、艺术作品的鉴赏能力。具备文学素养的人在听、说、读、写的语文能力方面也会有突出表现，比如，演讲、应用文写作等。以文学素养为后盾的审美能力，还能够打开欣赏影视、音乐、绘画、雕塑，甚至体育运动等人文素养教育的路径，为学生的终身发展提供源源不断的动力。

## 四、高职语文：实施文学教育的主阵地

在通识教育理念指导下，语文在高职教育体系中应当占有一席之地，高职语文应当发挥人文特性，要给予学生文化熏陶和心灵润泽。在高职学生人文素养令人担忧的现状之下，应当倡导以文学教育为基石的人文素养教育，通过阅读文学作品，进而提高学生的人文素养。高职语文课程应当从以下几个方面入手，实施文学教育。

### （一）高职语文课程的设计要由“大语文的关照”落脚于“小语文的实践”

所谓“大语文的关照”，高职语文课程的内容要着眼于学生终身发展，以文学作品的阅读内化为主，使学生内心世界更丰富，使文学作品能更人性化、更滋润地生活。高职语文要引导学生进行古今中外优秀文学作品的广泛涉猎，只有在大量阅读的基础上，才能培养文学素养；所谓“小语文的实践”，就是要将大语文的关照通过具体的教学转化为学生语文能力的综合运用。高职语文的教学要以语言文字智能为基础，发挥调动其他智能，运用多种教学手段，创设不同的教学情境，发挥文学教育在学生读写能力培养方面的作用。实践证明，有一定文学素养的人，即阅读过大量文学作品的人，思路开阔，视角独特，能够积累丰富的语言素材，灵活运用语言方式和技巧，这些方面客观地体现在听、说、读、写等语文能力中。

### （二）高职语文教学可以采用专题式教学的策略

高职语文应将教学内容分成若干个专题，专题的设置与学生的学习、生活、做人、做事等问题紧密相连，体现出通识教育理念与人文关怀，“充分发挥语文学科的人文性和基础性特点，适应当代人文科学与自然科学日益交叉渗透的发展趋势”，从而适应高职院校培养高端技术技能型人才的需要。专题分为“热爱生命”“积极生活”“知人论世”“职业颂歌”“中国风骨”“人与科学”等，使古今中外经典文学作品穿越时空，通过专题整合起来，对人文精神进行现代解读，也兼顾到学生未来职业发展，贴近高职学生的实际。这样做有利于激发学生的阅读兴趣，唤醒学生的人文意识，解答学生的成长烦恼，有利于帮助学生形成正确的人生观、价值观，从而使学生能够“精神成人”。

### （三）高职语文要给予学生文学作品的阅读指导

高职学生在学习过程中呈现出感性认知比较显著的特点，缺乏一定的理性思考，对文学作品的阅读和理解还比较肤浅。要提升学生的感悟需要知识的积累，有了量化知识的积累，才能为学生欣赏文本，升华个体体验打下基础。教学中应当向高职学生传授一些文体阅读的知识和方法，并结合一定数量的阅读篇目，使学生阅读欣赏文学的能力得以实践，久而久之内化为学生个人修养。在具体教学中，还可以将写作、口语训练的形式引入专题学习。通过背诵、朗诵诗歌作品，让学生感受诗歌丰富的情感和优美的韵律；通过演讲、辩论等形式，让学生畅所欲言，阐明自己的体验；通过写作随笔或小论文抒写感悟，让学生将自己的收获形成有形的文字，升华自己的情感。这些做法都是由“大语文的关照”落脚于“小语文的实践”理念的体现。此外，高职语文教师还可以根据专题内容和学生需要，为学生开列切实可行的阅读书目，配以简洁的图片、文字说明，从而指导学生的课外阅读。

在当今这个变幻莫测，功利当先的社会中，高职语文要引领学生走近文学，使阅读成为他们不可或缺的生存方式之一，不虚化，不浮躁，以深厚的文化底蕴重新审视自己，开拓自己生命的宽度，提高人文素养。在通识教育理念下，高职语文实施文学教育的道路并不平坦，而只有坚持这条道路，才可以回归语文学科的本质，才可以使高职语文放下诸多羁绊，翩翩起舞。

## 参考文献

[1] 张志公. 张志公文集·语文教学论集[C]. 广州：广东教育出版社，1991.
[2] 尹春峰. 名著阅读应把握好四个度[J]. 语文教学与研究，2007(2)：34.
[3] 李曼丽. 通识教育——一种大学教育观[M]. 北京：清华大学出版社，1999.
[4] 严运桂. 文学教育的人文素养教育功能[J]. 长江大学学报，2009(2).
[5] 王群英. 高职生文学经典阅读的价值与实现途径[J]. 中国成人教育，2012(8).
[6] 陈丽莲. 高职语文专题教学的实效性[J]. 文学教育，2012(4).

# 高职语文教学的困惑与教改实践

北京电子科技职业学院　耿密云

**摘要**：高职语文教学改革却面临着极大的困境，首先，是如何为高职语文课程定位的问题；其次，是语文课程的开设和教材体系如何构建的问题；最后，介绍我校高职语文课程的改革与实践。

**关键词**：高职语文；困惑；教改实践

2010 年颁布实施的《国家中长期教育改革和发展规划纲要(2010—2020 年)》首次从建立现代职业教育体系的角度明确提出，要"发挥高等职业学校的引领作用，重点培养高端技能型人才"。2011 年教育部《关于推进高等职业教育改革创新引领职业教育科学发展的若干意见》(教职成〔2011〕12 号)中也明确指出，高等职业教育"以培养生产、建设、服务、管理第一线的高端技能型专门人才为主要任务"。职业教育要从职业出发，培养高端技能型人才，这是国家对高等职业教育培养目标的最新提法。

培养高端技能型人才，归根结底要落实在职业能力的培养上。职业能力的高低决定着一个人能否胜任该项工作以及在该职业中取得成功的可能性，它是完成某种任务或胜任工作的必不可少的基本因素；职业能力的高低也影响着人的发展和创造，个体的职业能力越强，各种能力越是综合发展，就越能促进人在职业活动中的创造和发展，就越能取得较好的工作绩效和业绩，越能给个人带来职业成就感。因此，高职院校的教育教学改革重点应放在职业能力的培养上。各学校在专业课程的设置，课程的整体设计与开发、课程教学的改革与实践上，在教材的开发等方面进行了许多有益的探索与实践，也取得了很多的成绩。而高职语文教学改革却面临着极大的困境。

## 一、如何为高职语文课程定位的问题

对高职语文的定位，专家和学者们仁者见仁智者见智，在认知上存在着极大分歧。有的学者坚持人文性和审美性，有的学者坚持应用性、实用性。

前者从人文素养教育角度探讨高职语文的社会价值,他们主张加强人文素养教育,认为人文素养是大学生成才的必备素质。现在的大学生"人文素养缺乏症"越来越严重,表现在不少学生行为不文明,社会公德意识淡薄,不善于处理人际关系,甚至存在一定的心理障碍,对民族历史优秀文化、优良传统了解甚少,写作水平低下。如果只重视专业素质教育,欠缺人文素养教育,最终只能成为人们所说的"机器人""单面人""工具人"。这多少为语文教学的生存找到了一些依据,但是,到目前为止,据我所知,我们的教育行政各级机构还没有相关的政策或指导性文件来指导和保证高职语文这门课程的开设。

后者从语文能力培养角度探讨语文的实用价值,他们主张语文课作为基础文化课应为专业服务,认为语文课应以实用写作能力培养为主要目标。事实上,这已经不仅仅是理论层面的探讨了,很多高等职业教育,以面向基层培养实用型专业技术人才作为专业的教育目标,所有的课程均是按照实用型专业技术人员培养的具体能力要求来进行组织和安排的,或者说是按照完成相关工作任务需要的能力模块来进行针对性的学习和训练。在这样的人才培养目标和模式中,高职院校开设"语文"或"大学语文"课有什么用处,语文课直接改为"实用语文"课或"应用文写作"课,直接按照写作任务进行模块教学。

## 二、语文课程的开设和教材体系如何构建

由于人才培养目标定位不同,语文课程定位不统一,目前高职院校语文课程的开设情况也很复杂。语文课程在高职院校中该不该开设,该承担什么任务,这已经成为高职院校探讨的主要问题。

一般文科类的高职院校重视人文素养教育,开设"大学语文"课程,一般开设一个学期,总课时数在60～80课时,每周4课时。工科类的高职院校重视职业能力,一般开设"实用语文"课或"应用文写作"课,课时数则多少不一。有的工科院校语文课程已经被边缘化了,语文课程的开设随意性很大,成为专业课程课时补缺的课。专业课程少,语文课时就多,课时数在60课时左右;专业课程多,语文课时就少,课时数在30课时左右。有的学校干脆就没有语文课。

语文课程没有统一的教学目标、教学大纲,教材编写体系也是五花八门,种类繁多,很多院校使用的是自编教材,质量参差不齐。比如,有的按照文学发展脉络的线索构建教材体系,有的以选篇为主要构建方式,有的用人文主题组成单元,有的分阅读、口语、应用文写作模块,有的依应用文体裁分类……

语文课程定位不确定,课程体系混乱,语文教改就没有固定的方向。目前,高职语文课程所进行的种种探索都是比较盲目的,零碎的,不系统的,个人行为

或者以校为单位的几个人行为，没有形成合力，也没能达到专家或院校一致的认可。如果能够统一高职语文教学改革的思路，语文教改的步伐也许会迈得更稳、更快，达到更好地为职业教育服务、为学生可持续发展服务的效果。

## 三、我校高职语文课程的改革与实践

我们学院高职语文课程的名称原来叫"实用语文"，开设一个学期，每周 2 课时，共计 30 课时左右。现在改为"大学语文"，工科专业 32 课时，艺术专业和经管专业 60 课时。学校给语文课的定位是结合专业特点，为学生专业学习服务，为学生可持续发展奠定基础。为此，我们对高职语文教学进行了改革与实践。

（1）在加强高职语文课程对学生核心职业能力培养的主导思想指导下，我们对劳动力市场和企业职业岗位能力进行了调研、分析。

（2）参照行业、岗位用人标准和要求，结合我院学生所学专业研究并确定了课程教学目标，构建了课程体系，优化了课程内容，设计了教学方案。

（3）根据调研结果和教改方案，按照学制和专业分别制订了六个课标。它们是三年制高职工科类"大学语文" 课程标准、三年制艺术类"大学语文" 课程标准、三年制经管类"大学语文"课程标准、五年制高职工科艺术类"阅读与写作 1～4"课程标准、五年制高职经管类"阅读与写作 1～4"课程标准和五年制高职经管类"大学语文" 课程标准。

（4）确立了为专业服务的教学模式。内容上，对每一个教学单元，我们从学习内容、学习标准、学习建议、对学生评价、教学建议、课时数六个维度做了具体要求，所选范文或范例尽量与我们学院所开设的专业相结合。教学上，我们设计了"知识理论＋练习实践＋学习效果"的教学模式，有效地将理论知识融入练习实践过程中，从而实现高职语文教学目标。

（5）改革了考核方法和评价标准。采取平时成绩和期末考试相结合，知识考核与平时作业写作练习相结合，课上学习与课下自学相结合，学习态度与学习效果相结合，课堂模拟训练与社会调研相结合的考核评价办法。新的考核评价办法，使学生既感到了学习有压力，又能看到眼前利益，尝到学习的甜头，在充分调动学生学习的积极性、主动性，培养学生核心职业能力等方面起到了比较好的效果，为接下来的专业学习和就业打下了一定的基础。

高职语文课程改革是摆在我们面前的一个紧迫课题，要想走出高职语文教学改革的困境，单靠几个教师的热情是远远不够的，关键是各级教育机构和学校领导的重视，统一认知，找准改革的方向和突破口，不断推进各项工作，才能卓有成效，迎来高职语文教学改革的春天。

# 在高职语文教学中加强人文素养教育

北京电子科技职业学院　尹传芳

**摘要**：高职学生人文素养总体状况不佳，主要表现为缺乏人文基础知识、不懂人文方法和缺乏人文精神。高职语文可以利用学科优势强化人文素养教育，可以从三方面入手：在教学内容上，立足工具性，突出人文性；在教学方法上，掌握人文方法，以涵养学生的人文精神；在教学过程里，融入职业文化，以培养学生的职业道德。

**关键词**：高职；语文教学；人文素养教育

20世纪90年代以来，我国高等职业教育蓬勃发展，在数量上已经占据高等教育的半壁江山，并为社会培养了一大批社会急需的技能型人才。然而，随着高职教育改革的不断深入，用人单位和高职教育工作者都发现——高职学生的人文素养总体状况不佳。这个问题如果得不到应有的重视，不仅会制约学生个体的职业发展，还会使高职教育改革走进死胡同。

语文作为一门人文学科，理应尽可能利用自身的学科优势，给高职学生传授人文知识，学习人文方法，最终涵养他们的人文精神。

## 一、高职学生人文素养现状分析

### （一）缺乏人文基础知识

高职学生的人文素养不佳，首先表现于人文知识的匮乏。由于大学持续扩招，加之高职属于最后录取批次，决定了高职生源的质量。他们文化基础较差，对学习缺乏兴趣，综合能力较低。好多学生进入高职院校后，怀着“学一门技术”的想法，对非专业的人文学科不够重视。从学校方面看，部分高职院校片面理解“以就业为导向”，只追求眼前的就业率，重专业，轻人文，随意削减人文学科课时，人文学科设置常常无计划、不系统。

### （二）不懂人文方法

人文方法是人文素养当中重要的一个方面，它是人文思想中所蕴含的认知方法和实践方法，它有别于科学方法，重在定性，强调体验。高职学生大多不了解科学方法与人文方法的差别，用学习科学学科的方法学习语文之类的人文学科，常常是事倍功半，不得要领。出现这种问题，一方面是因为高职学生长期养成的不良学习习惯造成的，他们学习不主动、怕动脑筋，遇到问题不是自己积极求解，而是等着教师给标准答案；更重要的一方面是，教师在人文学科教学中没能强化训练人文方法，重知识传授，轻情感体验，学生习惯于被灌输和死记硬背，长此以往，学生在人文学科中找不到应有的学习乐趣，渐渐失去了学习的主动性。

### （三）缺乏人文精神

“人文精神是指贯穿于人们的思维与言行中的信仰、理想、价值取向、人格模式和审美趣味”是人文素养的核心部分。高职学生的人文精神受当今的大众文化和实用主义思想的熏染较多，而优秀的传统文化对他们的影响较少，相当一部分学生表现出内心缺乏信念、待人待事没有责任心、对自己没有信心、生活中无所追求、趣味低俗、冷漠无聊、精神空虚等问题。

## 二、在高职语文教学中加强人文素养教育

人文素养是指通过人文知识传授、环境熏陶以及自身的实践，将人类优秀的文化成果转化成人的人格、气质、修养，并最终形成人的相对稳定的内在品质。可见，人文素养教育是一种由外而内的化成过程，它需要通过知识的传布、氛围的营造和多种实践涵养人文精神，达到“精神成人”的教育目标。语文课包含丰富的人文资源，历来是人文素养教育的重要阵地。高职阶段的语文教学需要面对课时更少、任务更重的挑战，为此，需要理清人文性和工具性的关系，在教学内容上突出人文性；需要弄清人文素养主要包含三个方面：人文知识、人文方法和人文精神，以及三个方面的差异和关联；需要在教学过程中融入职业性，把优秀的企业文化和职业文化教育引进课堂，帮助学生尽早树立远大的职业理想和正确的职业观念。

### （一）教学内容：立足工具性，突出人文性

工具性和人文性是语文学科的两个最重要的属性，工具性即实用性，人文性即精神性，新的语文课程标准将语文的学科性质定义为：“语文是最重要的交际工具，是人类文化的重要组成部分。工具性与人文性的统一，是语文课程的基本特点。”近些年来，高职语文面临困境，处于边缘地位，为了寻找自身生存意义，高

职语文的工具性被抬到了较高的位置，人文性却被不同程度地淡化了。

不可否认，提高学生的书面和口头表达与交流能力是高职语文教学的重要目标之一，而培养和提高学生的人文素养，陶冶学生高尚的道德情操，是高职语文教学的另一个重要目标，甚至可以说是更加重要、更加长远的教学目标。因为语文课不仅是学习表达技巧，其意义“绝不仅仅在于教给孩子某种知识和技能，更重要的是，它通过一篇篇凝聚着作家灵感、激情和思想——代表人类创造的精神财富的文字，潜移默化地影响一个人的情感、情趣和情操，影响一个人对世界的感受、思考及表达方式，并最终积淀为精神世界中最深层、最基本的东西——价值观和人生观”。所以高职语文应该从培养高技能人才的总体目标出发，注重提高学生听、说、读、写应用能力的同时，在经典阅读、口语表达和应用文写作等教学内容中挖掘人文因素，适时引导学生，使他们拥有独立的人格、积极的价值取向、高尚的道德情操、健康的审美情趣和良好的职业素养。

提高高职语文的人文性，首先要充分发挥教材中的文学经典的作用。经典是那些具有典范性、权威性的著作，是经过历史选择出来的最有价值的书，是人类文化的结晶，反映的是一个国家和民族的灵魂，它承载着一个民族的历史与精髓。阅读经典，不仅可以丰富学生的人文知识，还可以通过文本跨越时空与大师对话，提高精神境界和独立思考的能力，从而避免在浮躁的市民文化氛围中迷失自我。然而，现实中高职学生很容易被便捷的网络文化和热闹的市民文化所左右，而与文学经典比较隔膜。基于此，高职语文教师首先要选择适合高职学生的经典，关注点一是难度，二是学生的兴趣；其次在阐释经典时要简明通俗，避免深奥晦涩，教学方法和教学手段要灵活多样，充分调动学生的学习主动性，避免生硬肢解文章；最后在教学过程中可以适度利用网络资源和多媒体技术，一来激发学生学习兴趣，减轻高职学生与经典的疏离感，二来可以提高语文学习效率。

提高高职语文的人文性，口语表达训练环节也不可忽视。从口语表达的教学目标和教学内容的设计上都应从人文教育出发，而不是仅仅为了训练表达技巧，比如，在设计口语训练“复述”时，教师可以用心选择内容上学生感兴趣的、篇幅较短小的哲理故事和职场故事，这样可以实现寓人文教育于口语训练中的目的。再如，在教学“赞美”时，教师备课要从开学就注意观察学生，努力寻找他们的闪光点，课堂上做好赞美一两个学生的范例，对学生会很有说服力，让学生从实例中感到赞美首先需要积极的心态去发现生活中的善和美；其次是用合适的语言恰当表达赞美。这样的口语训练就不光是训练表达技巧，而是从如何为人的高度去训练，对学生正确处理人际关系都会有积极的意义。

高职应用文写作课程尽管具有很强的工具性，但人文性才是其最高层次的追求。在教学中，应以人文性为立足点，并在教学内容中渗透人文性。首先，需要厘清应用文写作课程的教学目标的层次性,应用文基本格式和写作技巧的学习是基本目标,但不是最高目标,而挖掘出应用文本身所蕴含的人文内涵,并贯穿于实际教学中,才能将本课程从技巧的训练层次提升到对"道"的追求高度。高职应用文主要教学公务文书(公文)、事务文书、专业文书三种类型,具体来看,不同类型的应用文所包含的人文内涵各有侧重。通过公务文书(公文)的教学可以培养学生的法制意识、规范意识等;事务文书的教学侧重让学生懂得礼仪、尊重人性;专业文书内容宽泛可以结合学生的专业,选择相关的内容,突出严谨自律、敬业乐业等思想教育。

### (二)教学方法:掌握人文方法,涵养人文精神

提高学生的人文素养,需要做好三个方面的工作:丰富他们的人文知识、使他们学会以人文方法学习人文学科、形成稳固的人文精神。在这三个方面的工作中,人文知识的学习和人文方法的掌握是人文精神形成的前提与基础,人文精神的形成是人文知识学习和人文方法训练的目的与最终表现形式。可见,人文知识学习固然必不可少,但并不是提高人文素养的全部内容。目前,提高高职学生的人文素养是高职教育工作者的共同愿望,然而由于对人文素养的理解有偏差,在具体的实践中,只重视人文知识的传授,忽视对人文方法的学习和人文精神的熏陶,造成实际教育效果不理想的状况。

提高高职学生的人文素养,很重要的一方面是让他们掌握人文方法,相反如果学生只学会以科学方法认知世界是无法完整认知世界的。人文方法不同于科学方法,"人文视野中的世界是五彩缤纷的,而这些色彩是作为观察者的一个又一个的'我'赋予它的"。人文方法需要"我"的情感、"我"的感悟的积极参与。因此,教语文,不能把一篇篇饱含着作者情感和思想的诗文生硬肢解,将之简化为一个个生冷的知识点让学生记忆,课堂不应该教师一个人演独角戏,让学生冷眼旁观。应该在充分挖掘教学内容的思想性和艺术性的基础上,利用朗读、多媒体教学等手段创设情境,积极调动学生的学习主动性,让学生领会每篇诗文独特的情思和文辞之美。只有这样,才能展现语文的魅力,才能让学生掌握人文方法,提高人文素养。指导学生学习语文,让学生明白除了上课认真听讲、记笔记、按时复习等基本要求外,学好语文还需要观察生活、阅读积累、思考和感悟,单靠下苦功夫记住课本上的知识是远远不够的,可谓"世事洞明皆学问,人情练达即文章"。语文的学习范围不能局限于课本,课堂上不妨安排5分钟读报评报,以促进学生在学习语文的同时,关注社会。学习方法不能单靠机械识记和简单推理,鼓励学生多读多思,并在课堂上组织讨论,切磋读书经验,让学生主动求索、主动感悟。通过饶有趣味的语文学习实践,在不知不觉间涵养人文精神。

### （三）教学过程：融入职业文化，培养职业道德

对高职学生进行职业道德、职业理想和企业文化教育是高职人文素养教育有别于一般院校素质教育的一大特点，高职语文也要利用学科优势对学生加强职业理想、职业道德的教育。

在高职语文教学中融入职业文化，需要落实在教学内容上。现在部分高职语文教材除了基础模块，还编写了职业模块，这一模块能从爱岗敬业、职场人生、企业文化等主题编写课文，学好这些内容有利于高职学生提高职业素养，树立职业理想。如从《邮差弗雷德》一文中，可以学习作为一个普通人在平凡的岗位上，在不多花一分钱的前提下如何持续为他人创造价值。除了职业模块，高职语文其他教学内容也可以融入职业文化教学，应用文写作教学就是培养学生职业理想和职业道德的重要阵地。如在教学调查报告时，通过让学生调查中华老字号或其他优秀企业的文化建设情况，了解并学习优秀企业文化。即便是实践性较强的口语训练教学也可以融入职业文化，在训练材料中有意识地补充些企业家成长故事、优秀校友先进事迹等励志内容，不仅能激励学生奋进，还可以树立行行出状元、人人能成才的职业理想。值得注意的是，在选择职业文化相关内容的时候，要与主要教学内容贴合，这样才能取得理想的教学效果；另外，尽量选择积极正面的典型和事例，以引导学生发现社会上的真、善、美，并以成功人物为榜样，树立远大的职业理想。

## 参考文献

[1] 许苏民. 人文精神论[M]. 武汉：湖北人民出版社，2000：8.
[2] 王丽. 中国语文教育忧思录[M]. 北京：教育科学出版社，1998：59.
[3] 肖峰. 论科学方法与人文方法[J]. 中国青年政治学院学报，1995(1)：58.

# 内化语文于心　外化人文于行

## ——高职语文教学与人文素养培养路径探讨

北京农业职业学院　王萃

**摘要**：本文主要探讨高职语文教学中如何进一步培养学生的人文素养，对语文教学的内涵进行深入挖掘，以及如何进一步在校园中利用所有资源进一步巩固扩大语文教学成果，通过拓展和延伸形成学校独特的人文风格，进一步落实对学生人文素养的培养。

**关键词**：高职语文教学；语文"大课堂"；校园文化；人文风格

以传统文化教育为主要内容的大学生人文素养培养，已经成为当前通识教育中非常重要的一部分，同时国家也在不断强调传统文化渗透的重要性和必要性。培养学生的人文素养是高职语文教育责无旁贷的责任，根据以往的工作内容，对高职语文教学与人文素养培养路径探讨如下。

## 一、语文教学课堂是培养高职学生人文素养的主阵地

### （一）教师应具有扎实深厚的语文基本功

（1）教师应不断学习，提高自身的教育教学能力。教学质量永远是教育者所追求的最重要的核心内容。高质量的教学需要具备较高教育教学能力的人来实施和完成。教师行业的工作性质决定这个行业与其他行业不同的一点是教书育人责任重大，更需要教师自身不断完善自己，把终身学习作为基本任务来完成。不断地深入学习，有助于教师加深对教材、对学生以及对人生的思考和理解，这样在教学内容和教学方法的选择上，都能更加贴近人的实际需求，教师自身也能更加游刃有余地驾驭课堂。

（2）教师应充分给予学生关注，言传身教。提高教师队伍的人文素养、人文教育是一个长期内化的过程。在学校，教师最贴近学生，教师的人文素养对学生的影响潜移默化，最直接也最深入和最持久，教师人文素养的高低直接影响着学

生人文素养的水平。因此,建设一支具有较好人文素养的优良师资队伍是现代职业教育实现人文素养教育的关键因素。这就需要领导高度重视,通盘考虑,采取有效措施提高全体教师的人文素养。通过制定优惠政策,引进优秀人文教育人才引领人文教育工作的飞跃或把加强人文素养类课程教师的业务进修提到与专业课教师培训同等重要的地位,从而促进人文素养类课程教师业务能力;通过要求专业课教师在专业课程教学中挖掘人文因素、总结人文精神、渗透人文精神,促进学生人文素养的提高。

(3) 教师在课堂上应注重启迪学生的人文思想。高职院校的语文教育属于通识教育,对语文专业知识的掌握和理解程度要求与汉语言文学专业的学习有着本质区别。在课堂教学中,教师除了讲授知识,更加注重的应该是启迪学生的人文思想,提高学生的综合素质。具体的教学环节中,教师可以运用我国历代优秀知识分子的作品,对学生进行感召式教育,主要是帮助学生开阔眼界,拓展思维,理解在实用知识之外应该还有精神的高地。目的在于培养出在各行各业中具备优秀品质的高素质人才。这样的人,应该具备基本的传统文化常识,了解中华民族的传统美德,理解中国历代知识分子的人文精神和文化情怀。对学生个人而言,让学生对自己的人生价值有所思考,有较好的审美能力,具备过精神生活、享受智力乐趣的能力;对国家和社会而言,有利于全民族人文素养的提高。

### (二) 培养学生对语言的感知并注重落实

在课堂上培养学生的语言感知能力,是所有阶段语文教学对教师最基本也是最重要的要求。高职阶段的学生具备基础教育阶段培养的语文基础,所以应该更加注重提高普遍性阅读的水平。

(1) 坚持经典诵读与背诵。高职学生学习语文,已经脱离了应试需求,是纯粹为提高人文素养和综合素质而学习。在这个阶段的语文教学中,诵读与背诵仍然是不可缺少的内容。保持记忆习惯对培养学生对文字的感知能力是非常有必要的,记忆有利于提高学生对文字信息的关注度和保持信息的能力,可以进一步扩大学生的知识储备,通过理解文字,理解人生,培养温柔敦厚的诗教传统,提高言谈中的语言能力和素质。

(2) 提高学生的现代文理解水平,进一步精细化深入阅读。成年之后,与中学生相比,学生的人生阅历有所增加,对写人记事类文章的理解体会也会随之加深。这时教师需要引导学生阅人情看世故,对作者笔下的文字有更贴切的理解,能够关注到一些细节部分的言外之意或者微言大义,提高思考能力和思维水平。

(3) 改进调整教学方法,创设更有利于学生准确理解文字含义的情境。对学生的文学基础和文学能力而言,有些传统经典篇目距离现代社会时间较为久远，与日常生活差异较大，不太有利于学生迅速理解。这就需要教师能够根据学生的特点，对讲授的方式进行调整，用学生能够听懂的方法为学生解释。或者是通过展现该作品的语言魅力，或者是将作品中的人文思想与现实生活建立联系，拉近距离等。总之，道不远人，在授课过程中，一定不能让学生感到传统文化已经失去活力和魅力。高职学生自身文学素养较好的人并不多，所以这一项就更加考验教师的教学技巧。

### （三）构建学生、教师、教材三位一体的立体课堂

人文素养教育是一项系统工程，人文素养课程体系的构建需要树立整体课程观，遵循职业人才成长规律，合理顶层设计，全面协调，在课程设置上要避免因人设课现象，在教学内容上要有明确目标，在教学进程安排上要体现科学性，在教学形式上要注重创新性，将人文素养教育显性课程与隐性课程相互融合、有效衔接，注重专业课程与人文素养课程的高度统一、升华内化，使学生在轻松愉悦的氛围中将人文知识内化为个人的世界观、人生观和价值观。通过人文素养课程与专业课程的相互渗透、协调统一，形成强有力的课程整体优势，促进学生人文素养、专业素养与职业素养的和谐发展，科学地提高学生人文素养。

## 二、在所有教育环节中拓展延伸语文 “大课堂”

### （一）学校社团活动为培养学生的人文素养开辟了课外的主战场

每所学校都会有与人文素养相关的学生社团，围绕着书法、绘画、朗诵、文学创作等内容开展学生活动。这些社团既是学生学习的平台，也是为培养更加优秀的学生的演习场和考核场。报名参加某方面社团的学生本身就具备这个方面的特长或者对这个方面有着浓厚兴趣，所以为高水平选手的产生提供了人才储备。课堂教学面对所有学生，必须具备普遍性，而学生社团是对课堂教学非常良好的补充，也是给有特长同学的进一步深造机会。

### （二）以人文知识大赛为平台培养学生人文素养

一年一度的北京市大学生人文知识大赛，是对培养和推广任务教育有着重要意义的赛事。每一名参赛的学生在经历初赛、决赛的各个环节时，都能得到非常良好的锻炼。而且举办这样的比赛，能有效提高学生对人文知识的关注度和重视度。从宣传到参赛、到获奖表彰，都为比赛提供了良好的宣传作用，让学习人文知识更加具有感染力与号召力。尤其是演绎节目环节，是先需要教师和学

生共同研究作品，然后根据自己的理解进行表演的环节。表演得是否与原作主题贴近，是否能够体现出原著的深度，都是对师生的作品理解能力的共同考验。只有深刻理解并体会作者的思想感情，才能有高水准的表演效果。演绎环节对学生的综合能力要求较高，除了具有比较渊博的书本知识，还需要具有良好的语言表达能力、普通话水平、良好的心理素质等，在备赛环节中需要付出许多时间与精力，甚至有时需要刻苦练习才能达到比较良好的效果，在这个过程中，学生的意志品质也得到了相应的锻炼，德育目的无声地渗透于行为之中，所以参加过人文大赛锻炼的学生，综合素质都得到了相应的提高。

### （三）把学院相关的学生工作作为锻炼学生的机会

所有的活动，都是人的活动，都离不开对人的管理组织和对活动的策划，在这些活动中，学生往往担任服务者的角色。而这项服务工作水平的高低，取决于学生的综合素质。得体大方的举止，逻辑清晰、措辞文雅的言谈，都来自不断地阅读积累和知识学习。

## 三、挖掘本校文化内涵，形成有特色的人文风格

### （一）结合本校语文教师特长形成风格，结合学校自身专业挖掘文化内涵

增强通识教育与专业教育的联系性，让学生通过学习人文知识，对自己所接受的专业教育有更加深入的理解和认知，使学生能够从更高的境界看待自己专业知识的价值，并思考未来这些对人生的意义，使学生更加热爱本专业，进一步激发学习热情。

### （二）打造校园精神文化，校园精神文化是一种特殊的育人氛围

校园精神文化被称为“学校精神”，是一所学校本质、个性、精神面貌的集中反映，具体体现在校风、教风、学风、班风和学校人际关系上。精神文化是一种深层次的观念文化，它潜移默化地影响着学生的道德、情感、思想境界，因此，通过加强校风、教风、学风、工作作风和学术气氛等软环境建设来提升凝练校园精神文化，打造具有中国特色、时代特征和职业教育规律的校园文化，使学生在中华优秀文化知识传授和教育熏陶下，提高学生人文素养。

将教学的功能充分发挥，并且与现有资源相结合，把教学效果进一步巩固和扩大化，是目前高职语文教学承担的新内容。不断帮助学生深厚自身文化底蕴，良好的素养表现于日常生活的每一个细节中。

# 拥抱文学骄子　感受诗意人生

## ——指导学生创作古典诗词的探索与实践

北京农业职业学院　范憨

**摘要**：古典诗词作为我国传统文化中的精粹，无数名句给了我们美的享受，其中蕴含的人文精神更是已经融入渗透到每个炎黄子孙的血脉之中，熔铸成我们伟大的民族精神。创作古典诗词，学习先人的诗意生活，是提升自己人文素养的有效途径。本文阐述了作者本人在辅导学生创作古典诗词方面的一些经验。

**关键词**：创作；古典诗词人文素养

诗歌，被誉为“文学的骄子”，中国的古典诗词，以其含蓄深邃的意境，抑扬顿挫的声韵，成为诗歌花园中的一株仙葩，也是汉语言文学区别于其他语种文学的一个显著特点。自从我院在高职学生中普遍开设《高职语文》课程以来，我在给学生讲授名家古典诗词名篇的同时，依托自己的创作实践，指导学生创作古典诗词，取得了一定的经验和成绩。

## 一、教师要以自己的创作实践为榜样，培养学生热爱诗词、创作诗词的热情和兴趣

我平时潜心钻研古典诗词名家名篇，熟悉诗词格律，平时喜欢自己创作古典诗词，目前积累有 100 多首原创作品，有着丰富的创作体会，这为我指导学生提供了丰富的第一手材料。当春天来临的时候，我写了首五言律诗《早春》，当校园的白玉兰花绽放的时候，我写了首七言律诗《咏白玉兰》，当端午节来临的时候，我写了三首咏端午、怀屈原的诗。当学到杜甫、苏轼作品的时候，我拿出自己咏子美、咏东坡的作品，当学生课堂表现好，我写诗褒奖他们……这些生活中的随意感发，极大地激励了学生们学习古典诗词的兴趣。学生们觉得，古典诗词并不是空中楼阁，高不可攀，它在当代依然有着很强的生命力，在许多特定的场合，诗词往往能起到其他文体不可替代的作用。

## 二、攻克古典诗词的难点——诗词格律

诗词格律是学习古典诗词的一大难点，有些中文系的毕业生也未必谙熟诗词格律。以往中小学的语文教师，讲解古典诗词，一般只分析作品本身的内容、艺术特色等，基本上不涉及格律知识。所以，现在的学生，即使会背很多的古典诗词，而对于格律，认知上基本还是一片盲区。我对于诗词格律的讲授，主要是从以下几个方面循序渐进的。

### （一）先讲诗歌的分类知识

我把诗歌分为三大类：诗、词、曲。重点学习诗、词的分类。

**1. 诗歌的分类**

诗歌的分类如图 1 所示。

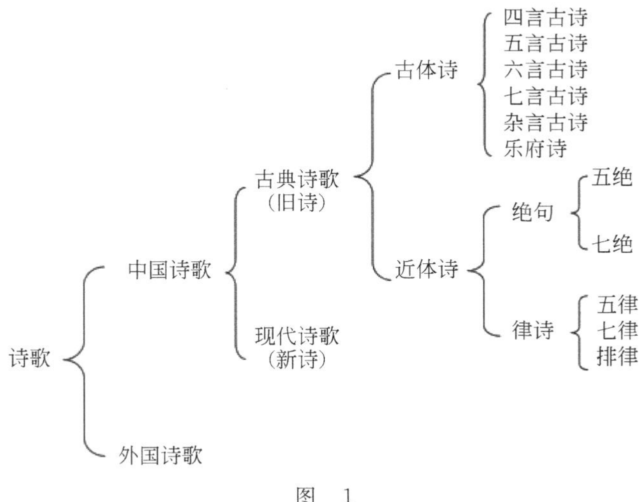


图 1

**2. 词按照押韵的平仄分类**

词按照押韵的平仄分类如图 2 所示。

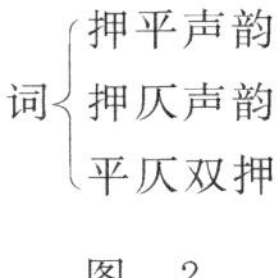


图 2

## （二）讲清古体诗、近体诗和词的格律要求

古体诗也称“古诗”“古风”。格律自由，不拘对仗、平仄，押韵较宽，篇幅长短不限，句子有四言体、五言体、六言体、七言体和杂言体。

近体诗也称“今体诗”“格律诗”。唐代形成的绝句和律诗的统称，与古体诗相对而言。近体诗的格律有严格规定。

近体诗最基本的格律包括字数、句数、平仄、押韵和对仗（绝句不要求对仗）几个方面，主要有三点。

（1）每句必须平仄相间，同联的两句必须平仄相对，联与联之间必须平仄相粘，即“句内相间，联内相对，联间相粘”；

（2）除首尾两联外，中间几联必须对仗；

（3）押韵须押平声韵，且应属同一韵部。

词牌是词的调子的名称，不同的词牌在总句数、每阕的句数、每句的字数、平仄上都有严格规定。这些规定形成了词谱，填词要严格按照词谱填。

## （三）学习平水韵和词林正韵

当代人作旧体诗词，可以遵从古韵（平水韵），也可以选择中华新韵，整体来说选择平水韵的居多，我本人也是使用平水韵的。为了使学生熏陶到最传统的文化，我教学生了解和使用平水韵。我给学生印发了平水韵表和词林正韵，另外，又单独印发了现代汉语中读为阴平、阳平的300多个古入声字。基于平水韵而制定的词林正韵，是按照词谱填词的标准。通过给学生印发、讲解平水韵和词林正韵，学生明白了古体诗、近体诗和词的押韵特点。有些学生主动拿平水韵和词林正韵来对照学习课本上的古诗词。比如，学到苏轼的《临江仙·夜归临皋》，有学生将作品与“临江仙”的词谱对照学习：

仄仄仄平平仄仄平平仄仄平平△平平仄仄仄平平△。
夜饮东坡醒复醉，归来仿佛三更。家童鼻息已雷鸣。
平平平仄仄，仄仄仄平平△。
敲门都不应，倚杖听江声。
平仄仄平平仄仄平平平仄平平△仄平平仄仄平平△
长恨此身非我有，何时忘却营营？夜阑风静縠纹平。
仄平平仄仄平仄仄平平△
小舟从此逝，江海寄余生。

经对照会发现，“醒”“佛”“息”“不”“听”“縠”这几个字，如果按照现代汉语普

通话中“阴平阳平属平声，上声去声属仄声”这个粗略的规则去衡量，是不合词谱的。带着这个疑问，再查看平水韵和词林正韵，学生自然就明白了，“醒”“听”二字是平仄两读的，“佛”“息”“彀”是古入声字，属于仄声，“不”在普通话中有阴平、阳平、去声三种读音，但是在古音中都属于仄。我在课堂上表扬了这个学生，如果每学一首古诗词都用这种方法去学格律，长此以往，会积累很多的古音韵和古文字知识。

## 三、指导学生的创作实践，培养学生的诗人情怀

学习了诗词格律，只是奠定了创作诗词的理论基础，如何给格律框架赋予鲜活的生命，才是诗词创作中的重点。我主要是从下面几点来启发学生。

### （一）善于观察周围景物

在诗人的眼里、心中，周围的一草一木，一山一石都是充满灵性的，要观察到周围景物的特点，用押韵的句子写出，读者自会领略其中的趣味。比如，一个学生写的《咏松》：“九月秋风过，落叶地上留。入目尽衰色，唯松翠幽幽。”写出了时令的变化，突出了松树的苍翠，不需要再在诗句中去直接讴歌，松树不畏严寒的高洁品行自然凸显。还有一位学生的《小草》：“青瓦铺天盖，黄土满地结。离离岩缝草，把根何处歇？”朴素凝练的句子，是关注小草的命运还是歌颂小草生命力的强大？言有尽而意无穷。

### （二）学会联想

如果说，注意观察周围景物是基础，那么学会联想简直就是诗人的生命。观察景物谁都会，是否会联想是能否成为诗人的关键。试看这位学生写的《柔雪》：“一花飞舞百花休，暗笑群芳入暖楼。飞霰凌空天地变，春来化水万般柔。”雪花“暗笑”别的花不能经受严寒，纷纷被主人挪进了温室，完全是作者自己的想象，运用拟人的手法加以表现，整首诗灵动多姿。

### （三）找到景物与自身的结合点

文学史上纯粹的写景诗有，但是数量很少，更多的是借景抒情，表达诗人的喜、怒、哀、乐。同样的一幅景色，不同的作者表达出来，往往呈现完全不同的风貌，形成不同的风格，这跟作者当时的情绪有很大关系。如何借景抒情而不显生硬牵强，也是写好一首诗的关键因素。下面这首学生作品《秋怀》，在融

情入景方面就做得极好，“京城落木无边际，晨起满地黄金翼。家书遥自淮北来，已是梨花开满地”，当年的冬天北京一直无雪，而遥远的故乡淮北却已飘雪。通过一封家书，勾起了作者对故乡的无限思念，而作者不把思乡之情明白道出，只是用京城的落叶和家乡的雪花来传达自己的绵绵思绪，意境悠远，令人回味无穷。

### （四）适当运用文言词语和文史典故，增添作品的雅致和含蓄

古典诗词的特点是通过极少的典雅含蓄的字句，传达极丰富的内涵，烘托出多种不同的意境，给人以美的享受。如果遣词造句过于白话，势必影响表达效果，显得不伦不类。高职学生大多数是高中毕业生，自身已经具备了一些文言基础，也熟悉了一些常见的文史典故，如果能把这些知识恰当地运用到自己的诗作中，会使作品美而雅。如这首学生习作《自习夜归》：“月上风起乘兴至，夜读不闻耳边喧。青牛绝尘出函谷，庄周蝶梦似云烟。畅然不知天欲白，恍惚扶摇入云端。长啸唯恐惊天人，兴尽沐风踏月还。”就恰当地运用了老子出关、庄周梦蝶、庄子《逍遥游》、李白《夜宿山寺》的典故，完全符合作品的主题和意境。

## 四、以诗词创作为契机，培养学生多方面的人文素养

我院园艺系环境艺术设计专业的一门专业选修课叫作《古典诗词赏析》，因为一个学期都是在学古典诗词，所以课时比较充足。我在讲授这门课时，除了赏析前人经典作品，也指导学生原创古典诗词，并且要求学生将自己的原创古典诗词作品做成 PPT 在课堂上展示讲解。因为这个班的学生很多都有艺术特长，我鼓励学生配上自己的美术作品、书法作品，体会“诗中有画画中有诗”的美妙意境。2014 年，环艺专业在我院图书馆举行学生作品展示，我指导的学生诗词作品，获得了较高的评价。

自从指导学生创作古典诗词以来，有多名学生的诗词作品在我院院报上发表，部分学生已经把诗词创作融入了自己的日常生活，经常有作品和我交流。学生们说，通过读诗写诗，更加体会到了我国传统文化的魅力，这种魅力，是其他语种的文化无法取代的，我们为身为中国人而自豪。实践证明，指导学生原创古典诗词，是营造校园人文环境的一个有力途径。

习近平主席在多个场合展现对传统文化的重视。2014 年 9 月 9 日，习近平主席到北京师范大学看望教师时明确表态：“我很不赞成把古代经典诗词和散

文从课本中去掉，'去中国化'是很悲哀的。应该把这些经典嵌在学生脑子里，成为中华民族文化的基因。"随后，在出访途中万米高空的专机上，习近平主席与记者交谈说，"古诗文经典已融入中华民族的血脉，成了我们的基因。我们现在一说话就蹦出来的那些东西，都是小时候记下的。语文课应该学古诗文经典，把中华民族优秀传统文化不断传承下去。"习近平主席历次的讲话发言稿，更是引经据典，多次引用古诗文，并且亲自创作悼念焦裕禄的词作《念奴娇》。这些都是我们大力发扬传统文化的有利契机。国家主席都身体力行了，我们身为语文教师，更应该在弘扬传统文化方面走在前面。

# 拓展人文教育途径的思考

北京劳动保障职业学院　李　强

**摘要**：高职院校学生具有自身的特点，如何进一步提高高职院校学生的人文素养，是我们不断探索的课题。本文从我院参加北京市大学生人文知识竞赛及进行人文教育的实践过程，看到教育工作者所做的努力及取得的成绩，同时，通过分析当下高职院校学生的现状，对如何拓展人文素养教育进行了一些思考，提出延展课堂教学，发挥图书馆、网络等空间书库的第二课堂作用，培养学生的阅读习惯，使受教育者能够自我教育，进行自我塑造，精神成人。

**关键词**：人文教育；阅读；自我教育

2009 年，北京市首次开展了大学生人文知识竞赛，其后每年举办一次，至今已有 6 年。北京劳动保障职业学院积极响应，从第一届开始，便积极组织学生参加，并取得了 2 次二等奖、3 次三等奖的良好成绩。通过组织院级人文知识竞赛、参加北京市大学生人文知识竞赛，不仅使广大师生在校内外有了人文教育成果交流展示的平台，增强了教学改革与知识竞赛的相互促进，同时也提高了高职学生人文学习的积极性与主动性，为推动文化素质教育发挥了积极作用。笔者从我院几年来参加竞赛的过程，既看到了当代大学生人文知识的增加和人文素养的提高，也对人文教育有了一些思考。

## 一、人文知识竞赛带动人文教育

### （一）行动起来，将比赛作为学习人文知识的助力器

大学生精神成人是高等教育的天职。大学不仅仅是教授专业知识、培训职业技能的场所，更是大学生精神成人的重要阵地。精神成人中很重要的一项是人文素养教育，上海交通大学的夏中义教授对此进行了专门的研究，提出大学生的精神成人教育须从人文素养教育开始，并编撰了《大学人文读本》。我院在帮助学生精神成人的过程中，把人文知识竞赛作为一项重要的抓手，通过参与人文知识竞赛，提高大学的文化品位，带动学校人文教育，促进大学生的文化素质的

提升，培养大学生的文化自觉与创新精神。

自 2009 年起，我院每年定期举办全院学生人文知识大赛。学院通过初赛，选拔出一批基础较好的学生，再经过复赛选出 10 名选手参加全市的比赛。几年来，全院共有 1000 余人参加了人文知识竞赛。学院为了增加学生的人文知识，开设了相应的人文课程，增加了学习辅导，配备了相应的书籍等，有力地促进了学校人文教育。可以说，组织和参加人文知识竞赛已成为我院学生广泛学习人文知识的助力器。

### （二）深入研究，为做好人文教育奠定基础

为了学生们全面提高自身人文素养，学院基础部专门成立了“人文知识读本”课题组，系统分析研究，根据高职院校学生特点，精选出了一套适合我院学生提高人文素养的参考书，包括《开心学国学》《大学语文》《唐宋诗词鉴赏》《中国现代文学三十年学习指导》《中国传统文化》《先秦文化典籍》《西方文学十五讲》《西方文化概论》《名画百幅赏析》《名曲百首赏析》《山水中国》《新编北京导游基础》《职业人文读本》等书籍。

这些书籍虽不及 20 世纪 90 年代以来中国有影响的学者们编撰的《大学精神档案》精深，不及上海交通大学的夏中义教授编撰的《大学人文读本》深刻，但汇集了历史、文学、哲学、军事、宗教、艺术、科技、经济、教育、风俗等各个方面的入门知识，学生们可以通过对这些书籍的学习，了解中国传统文化与西方文化，了解学习中西方文学知识。在学习的过程中，通过对中国五千年的文化、历史、哲学、科技等学识的认知，强化中国优秀的社会价值观；通过对西方文学知识的学习，了解近现代西方社会的各种重要思潮和文化运动的发展，西方文学生生不息的运动历程；通过了解美术史的发展过程，从绘画发展的规律中领会名画的艺术魅力与精神内涵，提高审美趣味，并在审美过程中进行道德价值判断；通过领略音乐艺术世界、音乐家的心路历程，读懂音乐语言；特别结合北京的建筑、胡同、王府、京剧、曲艺、老字号等人文历史地理，了解北京、认识北京、欣赏北京，解读博大精深的北京。针对高职院校学生特点，专门选取了《职业人文读本》，帮助学生们在编织职业与尊严、文化、生命、自由、信仰、美感、幸福的梦想中，热爱生命、积极生活，自豪自尊、自律自强。从全院学生积极学习、积极参与人文知识竞赛，以及在北京市的人文知识竞赛中取得的成绩中可以看出，这些书籍的选取，在学生的学习过程中，起到了积极的作用。

课题组不仅深入研究，为做好我院人文教育奠定基础，还结合上述人文知识读本系列丛书，编撰了近 2500 道试题，希望从巩固知识的角度，帮助学生学习理解，全面掌握人文知识。

## 二、高职院校人文教育现状

### （一）学生入学时人文知识现状

马丁·特罗的高等教育大众化理论，以高等教育毛入学率为指标将高等教育发展历史分为“精英、大众和普及”三个阶段，揭示了高等教育发展由精英教育向大众教育转变是一个自然的历史过程。

在这一演变过程中，我国的高校扩招，使得数百万人享受到了高等教育的机会。1999 年高考扩招的第一个年头，普通高等院校招生增幅达到 42%，高校扩招成为 1999 年最受老百姓欢迎的教育政策之一；从 1999 年开始的这次高校扩招一直持续到现在，是新中国高等教育发展史上持续时间最长、扩招规模最大的一次高校大扩招。[①] 北京市近十年的高考录取率逐年递增，2010 年后，随着考生人数的减少，高考录取率进一步提升，2010 年超过 70%，之后一直稳定在 80%以上，2013 年，“高考升学率继续稳定在 80%以上”。[②] 北京市的录取率可以反映出，北京市高等教育的快速发展，使得接受高等教育的人在数量上大幅度提高，迈入高等学校的学生已不再是精英群体。按照分数从高原则，高职院校属于专科教育，进入高职院校的学生为进入高等学校学生群体中的低分段的考生。

在这一演变过程中，从过去的几十年中一直以高考成绩为依据，逐渐转向分类考试。作为入学限制条件的高考成绩虽然仍为人们所普遍接受，但更加强调教育机会均等，国务院《关于深化考试招生制度改革的实施意见》明确提出，通过补偿性计划来减少丧失了接受良好教育权利的社会群体和阶层的入学机会的“不平等”。2011 年以来，包括北京在内，先后有 4 个省市试行高等职业教育注册入学制度，高等教育对所有希望入学并有资格入学的人开放。可以说高职院校学生入学变得越来越容易，学生人文知识的认知能力和认知水平参差不齐，已成为当下现状。

### （二）对人文教育的认知差异

高职院校专业教育的重要性已成为校内、校外共同的认知，无论是教育决策者、教育实施者，还是社会公众、家长和学生本人，都是方向相同、目标一致、努力并行，希望通过专业的学习，掌握一技之长，以此安身立命，实现学生向职业人的转变。学生在接受了各项专业知识和专业技能的学习之后，可以凭借所学知识

---

① 中国网. http://www.china.com.cn. 2008 年 12 月 19 日.

② 《北京考试报》，2013 年 6 月 31 日。

与技能，找到一份自食其力的工作；通过工作，实现个人的价值，通过工作，完成对社会的贡献；个人与社会形成良好的互动，完成由学生向社会成员的转变。但是，专业技能与素质仅是作为社会成员自身素质的一个维度，要想成为合格的社会成员、对社会有益的人，还需要具有良好的道德品格、基本的人文素养、合格的身体素质等。

高职院校的人文素养教育，则是认知上和实践上的差异并存。认知上，从教育者到学生家长，乃至学生本人，有重视的，也有不重视的。重视的，认为这是学生成长过程中必不可少的学习内容，是教育中必不可少的一个环节，必须有人文教育这个内容；不重视的，认为开展人文教育当然好，不开展人文教育也没有什么大碍，不影响学生正常毕业，学校是否开展人文教育对学生的未来也不一定起决定作用。实践上，教师与学生在进行人文教育过程中有主动型的，有被动型的。主动型的教师，除按照教学计划、教学大纲进行教学，还会注重教学效果，采取多种方式方法。主动型的学生则会在教师的引导下，延伸学习；被动型的教师仅仅完成教学计划，没有对学生的学习进一步关注和引导。被动型的学生则是任凭教师洋洋洒洒，我自岿然不动，睁一只眼闭一只眼，张开一只耳朵闭上一只耳朵，考完试之后会将教师传授的东西如数奉还。可以说，在学生精神成人的道路上，主动与被动并存，需要教育者与被教育者双方共同努力，不断迈过沟沟坎坎，才能完成学生向职业人的转变，实现学生的“成人”教育。

## 三、高职院校学生发展的思考

技术教育能够教会人成为某种人，人文教育能够全面培植人性。随着现代科学技术和社会经济的发展，素质教育、终身教育、大教育观念的确立，人们已认识到在专业教学中渗透具有时代特点并符合中国国情的人文教育，必将有助于学生人格的完善，对学生未来的发展提供强大的精神动力和情感支持，培养出具有较高人文素养和健康高尚人格的全面发展的创新型人才。

从1999年高校扩招以来，特别是随着高等教育的大众化，以及就业压力的增加，高等学校由精英时期以文化知识教育为主的文化教育模式逐渐转向以就业为目的的职业教育模式。高职院校更是如此，职业训练成为高等教育的重要组成部分。高等学校在文理分科的背景下，特别针对理科生开设大学语文等人文知识课程，逐步在高校中发展出相关的人文教育课程。

### （一）养成自我教育习惯，进行自我塑造

大学生文化素质教育作为全面素质教育的一个重要组成部分，已在我国高

校开展了20年。南开大学自1995年以来，对大学生文化素质教育工作进行了积极探索。在人才培养过程中，强调"科学精神与人文素养并重"，逐渐形成了包含人本、专业和发展3个层面的多层次素质教育观，并贯穿于教育教学的全过程，通过不同类别的课程和不同层次的教育活动来承载。① 高校对学生进行文化素质教育的探索，是通过多种形式引导学生学习，形成正确的世界观、人生观、价值观，并为学生提供了专门的引导人，营造良好的引导环境。但无论是拓展文化素质教育课程的覆盖面、扩展文化素质教育课程的内涵，还是提升文化素质教育课程的质量、增加文化素质教育课程的数量，乃至将文化素质的精神与价值灌注到各种专业课程之中②，这一切都是教育者所做的努力，实施的都是教育者的教育，或者说是灌输式的教育。教育从来都是教育者与受教育者双方的活动，受教育者如果一直处于被动，且不与教育者产生互动，一方的努力是不能实现教育目的、不能达成教育目标的。因此，在教育活动中更要强化受教育者的主动性，使受教育者养成自我教育习惯，通过受教育者的主动行为，努力学习人文知识，逐步理解、掌握人文思想，学会用人文的方法思考和解决问题，并在今后的人生中始终遵循人文精神，形成自我教育为主，外在"灌输"为辅的互动格局，在人生的成长中不断进行自我塑造，精神成人。

## （二）培养阅读习惯，延展课堂教学

如前所述，为了提高学生的人文素养，我院课题组专门针对高职院校学生精选出了一套快速提高人文知识水平的读本。同时，课题组结合选取的书目，编制了近2000道测试题，用以帮助学生牢记所学知识。但是，我们知道一个人的精神发育与一个人的阅读有关，一个民族的整体文化水平在很大程度上取决于全民族的阅读水平，人生因为读书而丰富。仅仅靠课题组选取的十几本书籍来解决学生人文知识的匮乏问题，肯定是不够的，重要的是积极发展课堂外的教学，引导学生养成阅读习惯，在阅读中增加人文知识的积累，并经过学生自身的吸收、思考，形成自己的知识体系，涵养文化品质，真正成人。具体来说，还可以从以下几个方面来深化人文教育。

### 1. 延伸课堂教学

从我们的课题研究中可以看出，人文知识涉及历史、文学、哲学、军事、宗教、艺术、科技、经济、教育、风俗等方面，可以说，学生学习的任何知识都是人文素养

---

① 张江艳，徐巧燕. 人文知识读本，北京劳动保障职业学院《人文知识读本》课题组，2014年8月2日.

② 张江艳. 探索高等职业院校人文素养教育的意义和实践途径[J]. 北京劳动保障职业学院学报，2014(4).

的组成部分。换句话说，就是学生在学校学习的每一门课程中，都包含着他们应该拥有的人文知识，都应当赋予内在的人文内涵。如果我们的教师能够在课堂上将所教授的知识背景有个简单介绍，并给出相关的阅读书目，引导学生在学习各种基础知识、专业知识的同时，对这些知识的来源、产生的背景、带来的作用、给后世的影响等进行深入的了解，引导学生从根本上了解民族精神、时代精神，了解人文精神是人类文化或文明的真谛所在，遵循由人文思想、人文方法产生的世界观、价值观的人文精神。这些阅读就会起到非常好的作用。

**2. 充分发挥图书馆作用**

图书馆拥有极其丰富的图书、期刊、报纸及馆藏，包含有历史知识、文学知识、政治知识、法律知识、艺术知识、哲学知识、宗教知识、道德知识、语言知识等各种关于人文领域的基本知识。图书馆的教育不受时空和内容的限制，是教室之外的第二课堂。图书馆可以组织一些专题讲座、图书介绍等，引导学生阅读；可以打破常规，将不同门类的图书、杂志、报纸摆放在一起，提供舒适的阅读空间，吸引学生阅读；可以利用现代技术手段，随时传递图书信息，提供专业的新书推荐，带领学生阅读，让阅读形成习惯，让阅读成为生活的一部分。

**3. 开展沙龙、知识竞赛等各种活动**

无论是课堂外的延伸阅读，还是利用图书馆的阅读，基本上都是学生个人阅读，自我学习的一种方式，是个人不断积累的过程。要想使个人的人文素养不断提高，还需强化课外阅读，增强阅读带来的效果。开展沙龙、知识竞赛、生活体验等多元丰富的文化活动，在给其他人传授的同时，巩固自己所学的知识，充分理解人文思想；在交流互动中，相互之间产生思想的碰撞，对自己所学有了新的认知，对世界有了新的认知，了解人文思想是如何产生和形成的；在现实生活中，尊重理解平凡人的朴实与伟大，真正理解自己的生活方式，学会用人文的方法思考和解决问题，学会做人。

大学生人文素养教育是一项永远在路上的工作。受教育者一批又一批不断更迭，教育者时刻面临时代步伐带来的新技术、新理念的发展与变化。如何适应新形势、新常态，是教育工作者不断思考的课题，需要我们不断探索。

# 探索高等职业院校人文素养教育的意义和实践途径

北京劳动保障职业学院　张江艳　惠普科

**摘要**：高等职业院校开展人文素养教育的首要意义是引领学生追求精神成人。高等职业教育既要关注学生通过精湛的专业技能去成才，也要关注学生通过“高大上”的精神追求而在精神上成人。只有在获取人文知识的同时自觉追求精神成人，所谓学习人文知识的方式、方法和手段才能成为通向人文素养养成教育的实践途经。其次，开辟人文素养的教育通道，引导学生在学习技术技能的同时增长人生智慧，从生存层面进入生活层面，对于侧重技术技能教育的高等职业院校来讲，具有特殊意义。当教师传授人文知识时，把重点放在培养学生有效的思考能力、交流思想的能力、做出恰当判断的能力和辨别价值的能力上，才有可能帮助学生开启智慧，提升生命的质量。

**关键词**：高等职业院校；人文素养教育；意义；实践途径

当下，我国对职业教育的认知，已从大力发展职业教育、培养培训中高级技能型人才的高度，上升到建立现代职业教育体系、提高“国家竞争力”以及“力求在新一轮国际竞争中建立巩固的、可持续的人才和技术竞争优势”[①]的高度，而且要“坚持各级各类教育协调发展。统筹职业教育和普通教育、继续教育发展，建立学分积累和转换制度，畅通人才成长通道”。[②] 显然，在国家层面，正在致力于从国际竞争中人才战略的角度出发，构建立交桥式的人才成长通道，表明我国

---

① 《现代职业教育体系建设规划(2014—2020 年)》指出：“随着新型工业化的推进和科学技术的发展，现代职业教育体系越来越成为国家竞争力的重要支撑。特别是国际金融危机以来，美、欧、日、俄、印等国家和地区都将完善现代职业教育体系作为增强国家竞争力特别是发展实体经济的战略选择，力求在新一轮国际竞争中建立巩固的、可持续的人才和技术竞争优势。”参见：教育部等六部委的教发〔2014〕6 号文件中的《现代职业教育体系建设规划(2014—2020 年)》.

② 教育部等六部委. 现代职业教育体系建设规划(2014—2020 年)(教发〔2014〕6 号)[OL]. 中华人民共和国教育部网站，2014-06-23. http://www.moe.gov.cn/publicfiles/business/htmlfiles/moe/s8263/201406/xxgk_170737.html.

职业教育的目标已经突破了单纯就业教育的认知局限和低层次追求，意在努力为学生的可持续发展和多元化发展提供可能性。与此同时，在个人层面，一方面是随着多数学生家庭经济状况的不断改善，越来越多的学生，在选择接受高等职业教育时，突破了“找工作求生存”的低层次需求；另一方面，与此相关联的是，不少学生自我意识增强，但社会责任感和家庭责任感反倒相对降低，对未来还懵懂无知，并没有因为不满足于低层次的生存需求就树立起更高更明确的人生目标，而是在不知不觉中虚度了青春、浪费了教育资源。当我们思考高等职业教育如何帮助学生寻求更高层次的精神需求，使学生的大学生活过得充实而富有收获时，人文素养教育的重要性和特殊意义就凸显出来了。

人文素养教育，即人文素养的养成教育，是高等教育的应有内涵。但是，高等职业教育作为“高等教育体系的重要组成部分”和一种“教育类型”①，由于其教育目标和教育对象的特殊性，在实施人文素养教育时，与普通高等教育相比，有其共性也有其特殊性。本文试图在明确高等教育实施人文素养教育的共性的基础上，探索高等职业院校实施人文素养教育的特殊意义和实践途径。

## 一、引领学生追求精神成人及其实践途径

### （一）专业成才精神成人

与一般普通高校一样，高等职业院校探索实施人文素养教育的首要意义是引领学生追求精神成人。在人生成长的各个阶段，人们不仅需要物质营养，同样需要精神营养。精神对人的滋养是由内而外的，恰如北宋文学家苏轼所言，“粗缯大布裹生涯，腹有诗书气自华”。② 美国教育学家也认为“人的外显的姿态和气质来自内在的知识修养与能力，来自对目标的清晰认知和坚定信心。没有这些，人格力量往往会堕落成为被误称为‘个性’的浮躁不定的品性”。③ 进入大学，学生不但在生理和法理两方面成人，而且进入精神发育期及成长期，需要丰富的精神营养，需要接受精神成人的洗礼。

何谓精神成人？十多年来，在我国首倡这一观念的夏中义教授曾在不同时

① 《现代职业教育体系建设规划（2014—2020年）》指出：“高等职业教育在办好现有专科层次高等职业（专科）学校的基础上，发展应用技术类型高校，培养本科层次职业人才。应用技术类型高等学校是高等教育体系的重要组成部分，与其他普通本科学校具有平等地位。”“现代职业教育是……培养高素质劳动者和技术技能人才并促进全体劳动者可持续职业发展的教育类型。”

② 苏轼．和董传留别[OL]．古诗文网[2014-11-18]，http：//so.gushiwen.org/view_72150.aspx.

③ 哈佛委员会．哈佛通识教育红皮书[M]．李曼丽，译．北京：北京大学出版社，2010：138.

期的多场讲座和文章中做过多重解释。简单地说，他所谓精神成人，落实到每个大学生，便是看他能否在大学期间敏感地、认真地且持续地问自己这样一些问题：怎样做人？做怎样的人？怎样生存，才可能真正活出人之所以为人的“独立精神”与“自由思想”？[①] 就高等职业教育而言，笔者认为，所谓精神成人，需要学生在大学期间不断地调整自己，将自己的身心调整到最佳状态，学会为自己的行为负责，为自己将来谋生的工作或追求的事业负责，为自己未来温馨的家庭和赖以生存的大自然以及社会负责；在学习、传承人类优秀文化遗产——人文知识和人文理念的同时，学会科学思维，成为能独立思考、独立决断，不随波逐流而精神独立。“观乎天文，以察时变；观乎人文，以化成天下。”[②]如果学生在整个大学期间都不懂得人与人之间需要亲切而温暖的人文关怀，都不曾理解以人为本的人文思想，也没有懂得人是目的而不是工具的人文理念，更没有树立起在未来漫长人生中的人文理想和人文精神的自觉，甚至把逃课、作弊、沉迷游戏和网络等当成了自己的生活方式，那么教育的失败不但是显而易见的，而且是不可避免的。

对于高等职业教育而言，要着眼于国家和民族的未来，要为学生的终身幸福着想，不仅要关注学生如何通过精湛的专业技能去成才，也要同样关注学生如何通过“高大上”的精神追求而在精神上成人，引导学生通过人文知识的学习建立起健康的价值观和消费观，树立起道德底线的标高，让自己不以物使，不为物役，找到心灵的自由，找到自己作为一个普通劳动者在社会中的位置和价值，让我们的学生在未来的人生中，虽然可能只是一个不求名利、认真工作的普通人，但依然可以是一个有眼光、有胸怀、有人文情怀和公共关怀的人。

### （二）引领学生追求精神成人的实践途径

通常谈到人文素养教育的实践途径，人们往往就会想到开设人文知识课程或举办人文知识讲座、竞赛、辩论、参观等活动。的确，人文素养教育离不开人文知识的学习，并以人文知识为提高人文素养的重要基础。可是，学习人文知识并不等于获得了人文素养。带领学生学习人文知识，并不等于开展了人文素养教育。笔者认为，只有把引领学生追求精神成人作为带领学生学习人文知识的目标，才有可能将人文知识的学习转化为人文素养教育。因此，笔者所谓“引领学生追求精神成人的实践途径”，首先要改变 21 世纪技术时代、技术世界理念下，

---

① 夏中义．精神成人与大学生——在中国人民解放军第二医科大学的演讲（2004 年 3 月 8 日）[OL]．豆瓣小组．2007-02-20．http：//www.douban.com/group/topic/1453653/.

② 卦辞[OL]．百度百科[2014-11-18]．http：//baike.baidu.com/view/3319773.htm？fr＝aladdin＃4_22.

一些人有意无意地把学生看作“知识容器”“技能载体”的观念。无论开设什么样的课程，开展什么样的活动，只是手段而已，只有当师生都充分认识到，人文知识获取的多少不是目的，能在获取人文知识的同时更多地关注人的生存，能在关注自身存在的同时更多地关注生命的意义和价值，并进而学会主动承担个人应有的家庭责任和社会责任，自觉追求精神成人，那些所谓课程、讲座、竞赛、辩论、参观等学习人文知识的方式、方法和手段，才能成为通向人文素养养成教育的实践途经。

那么，解决了观念问题，教师具体应该怎么做才能引领学生行走在追求精神成人的实践途径中呢？美国芝加哥大学教育和心理学教授菲利普 · W. 杰克森被认为是继杜威之后最伟大的教育学研究者。他在《什么是教育》一书中说：“尽管教育可以贩运各种真理，但是，其主要的任务是赋予那些真理以生命。它必须使它们可获取、有趣……”①并说自己所秉持的信念‘即教育更多的是追求真理而不是知识的传播”。② 他认为，表面上管理贩运责任的是教师，但其最终的管理者是思维本身。③ 这也就是辩证唯物主义所谓“外因通过内因才能起作用”。不过，因为“思维总是处于活动中的，它很少处于静止状态。这是它的本质……思维有时候会漂移，它会开小差，会从一个主题跳跃到另一个主题……有时候，思维会迷失方向；有时候，思维会抗拒别人希望的活动方式，而且可能会以好斗的、愤怒的方式对待别人的指导企图”，因此，杰克森指出，教师“教育的主要任务是为思维活动开辟渠道——保持它的焦点，确保它在正确的轨道上。”④而美国《哈佛通识教育红皮书》也认为，具有高水平职业能力的教师“必须懂得在教什么人，而且始终能以此观点把控学生的讨论。他必须具有进行清楚解释的能力，鼓励、激发和构建学生思维的能力”。⑤ 总之，教师要做的，第一，无论教什么、怎么教，都要紧紧围绕教育目标，不要游离精神成人的核心，让常讲常新的人本理念赋予知识以鲜活的生命；第二，通过灵活适用的教学手段激活那些凝固在书本上的人文知识，让它可获取，并且有趣味。

引领学生追求精神成人的实践途径，从根本上说，需要教师付出艰苦的努

---

① ［美］菲利普 · W. 杰克森. 什么是教育［M］. 吴春雷，等译. 合肥：安徽人民出版社，2014：33

② ［美］菲利普 · W. 杰克森. 什么是教育［M］. 吴春雷，等译. 合肥：安徽人民出版社，2014：35.

③ 作者认为：“在教室里，管理贩运的责任主要在教师。教师选择要研究的内容，布置课堂作业和课后作业、讲课、指导讨论等，通过这些方式来组织课堂活动。在做这些事情的过程中，他们在很大程度上决定了给定时刻所强调的真理类型。但是，这种控制仅仅是外部的；……在最好的条件下，其最终的管理者不是别的，正是思维本身，思维在做自己的事情，行使自己的自由、沿着自己的轴线转动、发挥自己的潜力。”参见：［美］菲利普 · W. 杰克森. 什么是教育［M］. 吴春雷，等译. 合肥：安徽人民出版社，2014：36-37.

④ ［美］菲利普 · W. 杰克森. 什么是教育［M］. 吴春雷，等译. 合肥：安徽人民出版社，2014：42-43.

⑤ 哈佛委员会. 哈佛通识教育红皮书［M］. 李曼丽，译. 北京：北京大学出版社，2010：203.

力，在带领学生学习人文知识的同时，确保学生始终把思维活动保持在对人的关注和思考上，鼓励、激发和构建学生以人文本的思维能力和合乎逻辑的严谨的科学思维，像许多人所期待的那样去致力于赋予受教育者以法理意义上的公民素养、伦理意义上的道德底线、文化意义上的道德情怀和心灵意义上的爱的能力，并最终实现精神成人的目标。

## 二、帮助学生开启人生智慧及其实践途径

### （一）学习增加不了智慧

美国哈佛学院前院长哈瑞·刘易斯曾批评哈佛教育说："哈佛在向学生传授知识，但没有向他们传授智慧。"[①]为什么学生学到了知识却没有获得智慧？俄罗斯的一句民间谚语或许能回答这个问题——"学习增加不了智慧"。俄罗斯当代作家、诺贝尔文学奖获得者索尔仁尼琴说，他最初听到这句谚语时很吃惊："怎么会呢？增加了那么多！"但后来他渐渐发现"有那种愚得彻底而学得很多的人，也有学得很少但是很聪明的人。"在他看来，那些聪明而富有智慧的人是"懂得生命，心灵和生活的正确方式"的人，而这些"和学习没关系"。[②] 的确，仅仅学习知识和技术，可以满足人类生存的需求，却无法让人拥有生存的智慧，因为智慧是超越物质的存在，是与人们对于"人之所以为人"精神世界的观照分不开的。

正因为如此，当代作家丰子恺曾将人的生活分为三层——"一是物质生活，二是精神生活，三是灵魂生活。"并说："我虽用三层楼为比喻，但并非必须从第一层到第二层，然后得到第三层。有很多人，从第一层直上第三层，并不需要在第二层勾留。还有许多人连第一层也不住，一口气跑上三层楼。"[③]索尔仁尼琴在谈论"学习增加不了智慧"的问题时，批评"人类变得太过热衷进步"，而灵魂却"变得一片荒芜"。他说："技术，文明，给了我们一切，丰富的商品，现在又是互联网，信息的洪流使我们无法呼吸，灵魂变得空虚。"[④] 的确，生命的质量并不等同于生活的质量，其衡量标准是精神而不是物质。如果我们所培养的学生，知识

---

① [美]哈瑞·刘易斯.失去灵魂的卓越——哈佛是如何忘记教育宗旨的[M].侯定凯，等译.上海：华东师范大学出版社，2012(2)：219.

②④ [俄]索科洛夫(ALEXANDER SOKUROV)纪实影片《对话索尔仁尼琴》(2000年)[OL].王湘麒，译.对话索尔仁尼琴.天下.2012(2).转引自 http://blog.sina.com.cn/s/blog_5228e9be01015l21.html.2012-06-23.

③ 丰子恺.我与弘一法师[OL].爱思想.2011-11-03.http://www.aisixiang.com/data/46005.html.

越多越愚蠢，只关注物质，却不关注人自身的存在，不思考人为什么活着，没有学会正确的价值判断，这是高等教育最大的失败。

与一般普通高校一样，高等职业院校探索实施人文素养教育的另一个重要意义是帮助学生开启人生智慧。不以精神成人为目标的人文知识学习难以提高人文素养，不以提升生命质量为追求的人文素养教育也难以开启人生智慧。

信息时代，学生难以躺在象牙塔内孤芳自赏，已不可避免地与社会"无缝对接"，感受到一些生存的压力甚至世态炎凉，但如果过分讲求功利，过分追求物欲，则必然导致理想和信仰的缺失、道德底线的下移，与之相伴的必然是再丰沛的物质也掩盖不住的精神空虚甚至丑陋。

### （二）帮助学生开启人生智慧的实践途径

20 世纪法国最伟大的小说家之一马塞尔·普鲁斯特说过："没有人给我们智慧，我们必须自己找到它。"英国诗人爱·扬格也说："高官厚禄许会从天而降，金银财富许会不求自来，可是智慧非得我们自己去追求不可。"[①]的确，智慧不是教师简单讲授就能传递给学生的"秘技"，更不是一个人可以"不劳而获"的。但是智慧并不是与教育完全无关，而是恰好可以通过人文素养教育去帮助学生获取的。因为智慧离不开良知，良知源于一个人深厚的人文理念和人文关怀。因此，爱·扬格还有一句名言："丧失了良知的才智比没有才智更糟。"[②]所谓良知，不但是一个人正确的价值判断，而且是引导人向善的力量，是通过一个人对自我的内在关照达成索尔仁尼琴所谓"懂得生命，心灵和生活的正确方式"。

那么，如何帮助学生通过提高人文素养开启人生智慧？对此，哈瑞·刘易斯认为，"如同有责任心的家长一样，负责任的大学应该让学生了解那些富有智慧的人们是如何思考'过一种自省生活的艰难之处'的。负责任的大学应该鼓励学生思考一些让人不安却富有哲理的问题。作为一名接受过良好传统教育的、负责任的成年人，内心应该深谙基本的生活道理"。[③] 首先，这句话告诉我们，获取智慧的途径是向富有智慧的人学习如何思考，通过独立思考、独立判断来理解"基本的生活道理"。这不但是一个人不断走向深入的思维活动，而且是一次又一次如攀登高峰般艰难的思考过程。只有这样，高等职业教育才能像《哈佛通识教育红皮书》所指出的那样，帮助学生在掌握知识要点和主要方法的基础上，上

---

① 智慧[OL]. 百度百科[2014-11-18]. http://baike.baidu.com/view/2649.htm? fr=aladdin.

② 爱·扬格名言. 名人名言. http://www.newxue.com/mingrenmingyan/1344655807351.html [2014-11-18].

③ [美]哈瑞·刘易斯. 失去灵魂的卓越——哈佛是如何忘记教育宗旨的·导言[M]. 侯定凯，等译. 上海：华东师范大学出版社，2012(2)：219.

升到理解的新关系和新阶段。① 其次，这里所谓"让人不安却富有哲理的问题"，就是夏中义所谓在学业之余，能否认真且持续地向自己追问"如何做人"这一终极命题，以及在何种价值水平上思索乃至践履此命题。这也是无数"富有智慧的人们"反复思考过的问题，而他们思考的痕迹和成果就保留并隐藏在人类精神的宝藏"人文知识"当中。

既然智慧源于一个人深层次的精神生活，也就是说，所有人文知识的学习活动，如前文所谓开设课程或举办讲座、竞赛、辩论、参观等都只是方式、方法或手段，只有"外化于行，内化于心"，转化成为学生对生命质量的自觉追求，才能转化为人文素养教育之帮助学生开启人生智慧的实践途径。具体而言，当教师传授人文知识时，"重视培养学生的理性，重视培养具有深刻思维力和明智判断力的人"②，把重点放在培养学生"有效的思考能力、交流思想的能力、做出恰当判断的能力和辨别价值的能力"上，才有可能帮助学生开启智慧，提升生命的质量。这些能力"不是强加于人的外在力量，而是人的内在的'闪光的本质'"；这些能力能够"使得一个人成为真正的人，是一个真正的人首先应该追求的东西，而其他的东西在人自身成长的过程中仅是手段而已"。③ 学生一旦掌握、提高这些帮助我们成人的能力，自觉运用这些能力，学会独立思考、独立判断，就能深刻理解人之所以为人的道理并最终成长为富有智慧的人，精神独立的人。

## 三、结语

显然，仅以获取知识和技能为目标的学习，提高不了素养也增加不了智慧，更难以成为帮助学生精神成人的人格养成教育。人文素养的养成教育，不但要以精神成人为目标，而且要以开启人生智慧、提升生命质量为追求。

在有些国家和地区人文素养教育也被称为"通识教育"。前文提到的《哈佛通识教育红皮书》是美国高等教育领域里具有里程碑意义的著作，尽管在世界范围内，高等教育正在日趋专业化、职业化和市场化，但该书出版 60 多年来，始终因其卓越的见解和严密的论证吸引着教育工作者的广泛关注，是迄今为止美国高等教育研究中被引用最多的文献之一。该书一方面认为，通识教育"旨在培养学生成为一个负责任的人和公民"，而专业教育"旨在培养学生将来从事某种职

① 作者指出："中学的主要任务毕竟是让学生掌握知识要点和主要方法，而学院则并不是重复这项工作，它应该上升到理解的新关系和新阶段。"参见：哈佛委员会. 哈佛通识教育红皮书[M]. 李曼丽，译. 北京：北京大学出版社，2010：78.

② 哈佛委员会. 哈佛通识教育红皮书[M]. 李曼丽，译. 北京：北京大学出版社. 2010：215.

③ 哈佛委员会. 哈佛通识教育红皮书[M]. 李曼丽，译. 北京：北京大学出版社，2010：194-195.

业所需的能力""此二者同为人的生活的两个方面，是不能完全分离的"。[1] 另一方面又指出："职业教育一旦取得成功，很大程度上就不必再继续了。它可以结束，也能实现其目的。"但是，通识教育，也即人文素养教育则"是一项永无止境的工作，因为它是为人的绵绵不绝的需要服务的"。这些观点告诉我们，建立现代职业教育体系，着眼于国家人才战略和增强国家竞争力，人文素养教育具有长远而永恒的价值；放弃人文素养教育的高等职业教育，将成为这个国家职业教育失败的开端和永久的耻辱。因此，放眼未来，多角度、多层次地探索高等职业院校人文素养教育的意义和实践途径，其价值不言自明。

（本文已发表在2014年第4期《北京劳动保障职业学院学报》）

① 哈佛委员会. 哈佛通识教育红皮书[M]. 李曼丽，译. 北京：北京大学出版社，2010：40，203.

# 求真与创新
## ——浅谈高职教学中人文素养的培养

北京信息职业技术学院　吴桂杰　李文龙

**摘要**：高职院校学生加强人文知识素养教育，对其今后的学习生活有着重要的意义，本文从加强高职生人文素养教育意义、方式与方法等方面入手，提出了高职人文教育的相关策略。

**关键词**：高职；人文素养教育；特点；意义；方式

随着高职教育的迅猛发展，高职在校生不断增加。对于高职生的教学，受传统定势教学的影响，教学中存在着重视专业教学、轻视素质教育、轻视德育教育的现象，有些学生出现了思想认知相对低下、功德意识低下、心理非常脆弱的现象，他们自我保护意识差，人际关系处理能力差。学习生活中，每当遇到困难，他们就不知所措，甚至常常会采取一些极端措施，因此，加强高职院校学生的人文素养教育、促进学生全面发展已经是迫在眉睫的事情了。

## 一、高职院校学生人文素养教育的主要特点

高职院校对于学生的培养方向主要是培养应用型人才，具体工作中需要学生有较强的组织能力，要能够与他人通过沟通与合作解决实际问题。高职教育中的人文素养教育要很好地与职业教育相互结合、相互关照，培养学生的综合职业素质。学生在学习科技知识的同时，学习人文素养，才能够应对时代进步与科技发展的挑战。大学生缺失人文素养，是作为一个个体“人”的某项重要因素的缺失，是我们教育的一种残缺。良好的人文教育，才能培养出健全的人格，才能为在工作中创造佳绩提供可能。

### （一）高职人文素养教育要突出人文情怀

职业教育中的技能教育提高的是学生的技术知识，它所具有的是工具价值，而职业教育中的人文教育培养的是大学生的高尚道德情操，它所创造的是精神

价值。在人文教育中，教育者如果不注意方式与方法，采取一味地灌输式的教育，学生就会厌烦，学生的人性就会受到压制。因此，人文教育中要注意区别人文知识的教育，天文、地理、历史等知识的传授中，不能让学生脱离实际死背知识，要注重学生的心理、艺术、道德教育，提高学生的综合素质。

### （二）高职人文素养教育要注重人文知识的熏陶

人文素养在学生个体发展中有着举足轻重的作用，甚至可以说是核心作用，为了在高职院校的培养目标下培养学生的人文素养，教育中要突出人文知识的熏陶，要加强学生对日常生活实践的人文反思。随着社会生活的进步，许多不良因素也会相应出现，享乐主义、消费主义、功利主义等会侵蚀高职生的思想，教育中，可以通过人文教育来加强学生对于这些堕落的人文意识的批判和抵抗，让他们真正体会到人性的美好。

## 二、高职人文素养教育的基本途径

### （一）以课堂教学为主要渠道，进行高职人文素养教育

高职人文素养教育实施过程中，要做到开发学生的创造力，开发学生的思维能力，促进学生的长足发展。课堂教学中，要结合相关教学内容启迪学生心智。尤其是在公共基础课程，如大学语文、口语交际、应用文写作等课程中，教师可结合教学内容、教学案例进行相关的人文教育。

### （二）开设丰富的人文选修课，进行高职人文素养教育

高职院校可结合学生的学习兴趣开展丰富多彩的选修课程，内容可以是美学艺术、公共关系、心理健康、传统文化、影视音乐赏析等方面，这对学生正确的世界观、人生观、价值观的形成有很大益处。学生在欣赏、阅读中调整了心态，陶冶了情操，提高了修养，增强了自信，挖掘了自身的潜能，提高了适应社会的能力。

### （三）选好教材、选好教师，进行高职人文素养教育

为了让高职人文素养教育取得实效，在人文课程上要选好教材。教研室教师提出初步意见后，教务处要认真审查，最后，由人文素养教育领导小组审定。其次，要选好上课教师，教师要尽量将人文素养教育的活动与专业知识的教育相融合。

### （四）营造良好的校园文化氛围，进行高职生人文素养教育

校园人文环境建设是培养学生人文精神的最好载体，通过校园活动，如科技艺术节、体育节等，积极引导学生参与其中，感受美的境界，提升学生的审美能力，砥砺前行，磨炼意志，塑造自我。

## 三、高职学生人文教育的基本方式与方法

### （一）转变教学观念，在教学中进行人文素养的渗透

传统的教学理念，教师将更多的精力用在对知识点的解读上，而忽视了在教学中对学生人文素养的培养。转变教学观念，构建以高职生人格、品格、人性本位能力作为培养重点的教育观念，在高职课堂教学中有着十分重要的意义。转变教学的观念，教师应从关注学生的学习成绩向关注学生综合素质能力的提高转变。我国传统教学模式主要是应试教育，这也导致我们教师在教学中更注重的是教学结果而往往忽视了过程教育。在教学、学习情况评估方面，基本上是以一张试卷来评价学生与教师，甚至用来评价班级与学校。这样的评价体系，让学生的学和教师的教都从对知识的学习与讲授的主动变为被动，让学生、教师和家长的积极性大大降低。在教学内容安排方面，也为了应试来安排教学内容，教师则针对考点来安排讲授内容，教学内容与考试内容基本保持一致。这样的教学内容使教师在教学时往往忽略教学方法的运用，没有高效的教学方法，学生在课堂缺乏直接主动参与的热情，而仅仅满足于对教师所给出的结论掌握，这样的课堂没有重视学生综合素质能力的培养。

### （二）更新教学模式，在教学中进行人文素养的渗透

传统的教学模式，教师在课上对知识进行传授，学生在课下通过作业完成知识的内化，在这样的教学模式中教师处于主体地位。但在学习过程中，学生是学习的主体，学习的过程是主动构建知识的过程，学生在已有知识的基础上，对新的知识进行分析和理解，从而建立新的认知。在教学中，教师应更新教学模式，如翻转课堂等新型教学模式，教师在课前要准备教学资源，可以提供一些参考书籍、电子课件和教案、微视频教程、相关的专题学习网站等类型的素材；课中进行合作探究、个性化指导、巩固练习、总结点拨、反馈评价。这样的教学模式是以学生为主体，教师为主导，让学生通过主动学习促进学生对知识的内化，尊重学生学习中的主体地位，培养学生的创造性、自主性，让学生学会学习、创新，由此提

高学生的人文素养。

### （三）活化教学内容，创设情境，在教学中进行人文素养的渗透

教师深入研读教材，结合教学内容和学生学习的实际情况，创设情境，活化教学内容，包括结合教学内容创设职场情境、生活情境、问题情境等。

**1. 结合教学内容创设情境**

在教学中，教师通过教学过程和教学方法设计来创设适当的情境，如小组竞赛、情境模拟、利用关键词讲故事、结合教学内容选择适合的话题等，融入尽可能多的人文与社会内容，在课堂教学中提升学生的人文素养。

**2. 结合学生日常生活创设情境**

日常实践和对生活的认知是培养学生人文素养的基本途径，在教学中应以学生为本，摒弃传统的应试教育观念的影响，从情感、意志、态度、价值观等方面对学生进行考量，培养良好的品德，在教学中渗透对学生人文素养的培养。教师可以从关注书本扩展到关注学生生活实际，对学生无法内化的知识，注重联系学生生活实际，帮助学生解决实际问题。教学中注意收集生活素材，根据这些素材创设生动的情境，让学生有身临其境的感受，亲身体验、相互讨论、深化认知，达到学以致用的效果，提高学生的实际应用能力，提升学生的人文素养。

**3. 利用信息化手段创设情境**

教师可以利用网络等多媒体方式进行信息化教学，这种教学方式集文字、图片、动画、视频于一体，能很好地激发学生的学习兴趣，利于创设情境，提升人文素养的培养。如通过"感动中国"等节目视频，让学生找到学习的榜样，为视频中的事迹所感动、所激励，同时感受到自己生活的美好与幸福，达到对其人文素养的渗透。

### （四）革新课程考核标准，知行统一，在教学中进行人文素养的渗透

应试教育环境下，试卷分数是评价学生学习情况的唯一标准，这样的考试方式忽视了对学生的情感、思想、意志、价值观的培养。这种以一张试卷评判学生好坏的考核体系，达不到知行的统一，对学生的成长有一定的负面影响。因此在教学中我们应因材施教，要综合考虑学生的个性特征、基础差异等情况，帮助学生制定发展目标，同时对课程的考核也可以采用阶梯式的方式，注重过程考核，既有个人评价，又有小组评价，教师的客观评价。通过这样多元化的考核方式，学生可以看到自己存在的不足，进而自我反思、自我鼓励，促进自我发展，实现对学生的意志品质等的培养，完成在教学中进行人文素养的渗透。

## 四、结语

教学要与时俱进，只有在课堂教学活动中不断探索培养学生人文素养的新途径、新方法，才能不断提升学生的文明素质，这是新时代社会可持续发展的需要，也是教育的共同价值所在。

## 参考文献

[1] 姜大源. 职业教育专业教育论：属性、冲突、定位与关系[J]. 中国职业技术教育，2004(25)：8-11.

[2] 杨叔子. 文化要传承诗教应先行[J]. 教育与职业，2004(1)：12-13.

[3] 杨德广. 加强人文教育提高人文素养[J]. 教育研究，1999(2)：35-39.

[4] 石中英. 人文世界、人文知识与人文教育[J]. 教育理论与实践，2002(7)：46-49.

# 基于高职学生社团的人文素养教育路径探索

北京信息职业技术学院　赵燕平

**摘要：**针对高职院校学生人文素养不高的现状，为使我国优秀的传统文化在高职学生中得以传承，让人文大众化得以体现，让学生在较短时间内迅速提升人文素养，要以引雅入俗的方式传播人文知识，开启心智生活，培养人文精神，萌发人文情怀，践行人文行为，达到提升学生人文素养的目的。

**关键词：**高职学生；社团；人文素养；教育路径

关于人文，《辞海》中是这样解释的："旧指诗书礼乐等。《易经》：'文明以止，人文也。观乎天文，以察时变；观乎人文，以化成天下。'今指人类社会的各种文化现象。"人文学科大致包括文学、语言学、艺术学、历史学、考古学、哲学、法学等。《学记》有云："化民成俗，其必由学。"文化素质的核心是人文素养，人文素养就是做人的素质。人文素养教育的路径有三个环节，即传播人文知识、培养人文精神、外化人文行为。在高职学生社团中开展人文素养教育是传播人文知识、培养人文精神、外化人文行为的重要途径之一。

## 一、高职院校人文素养教育现状

高职院校是培养高技能、高素质人才的重要基地，人文素养教育是培养高素质人才的重要内容之一，许多院校开展了卓有成效的学生素质教育活动。然而，在一些理工类高职院校中，存在重技能、轻人文现象，人文素养教育处于边缘地位，课程开设不多，师资严重不足，导致学生人文素养不高等。这样的局面与高职院校生源逐年下降有关，同时与一些高职院校在价值取向上跟本科不同有关。毕业时，多数本科学生面临的是考研，而多数高职学生面临的是就业，故而在高职院校中，技能的培养就是重中之重。在人文素养教育方面，清华大学可以用一百多门人文美育类课程支撑起人文素养教育，而工科高职院校的人文素养教育，无论是从课程体系还是课程内涵，与其比较只能用难以望其项背来形容。对高职学生人文素养的培养不仅要依赖第一课堂平台，还要依赖第二课堂这个平台。

学生社团作为第二课堂平台的一个重要组成部分，是一支不可忽视的力量。

由于多数职业院校的专业以工科为主，学生需去企业参加实习和实训，社团活动在时间上常常会受到冲击；有些专业核心课程受到设备和场地的限制，采取小班教学模式，把上课时间安排到了学生的业余时间；有的学生业余时间要做社会兼职工作等，致使社团活动时间受到冲击，社团活动要在学生业余时间的夹缝中进行。又由于学生社团的特点是自愿参加、自主活动，这使得社团开展活动处处掣肘，乃至使社团的发展遇到了瓶颈。因此，吸引学生参加社团活动，指导教师在社团中传播人文素养的方式、方法尤为重要。为了让我国优秀的传统文化在高职学生中得以传承，走出社团困境，就必须让人文走大众化道路。只有让学生感到人文就在我们每一个人身边，能够学得懂、用得着，才能达到进一步培养学生人文素养的目的。那么，如何让人文走下神坛，实现从"阳春白雪"到"下里巴人"的转型呢？2010年至今，我在担任社团指导教师期间，不断探索人文教育效果最大化的方式、方法，经过五年的总结与概括，探索了一条适合高职学生的人文素养教育路径。

## 二、以学生社团为载体的人文素养教育路径

在推广人文知识的过程中，首先要考虑的就是如何让人文知识被学生们乐于接受，要设法使人文变得让人可视、可听、可触摸，走引雅入俗之路，让人文实用化。如果不能让人文知识由雅及俗、雅俗共赏，便很难得到推广。

### （一）引雅入俗是传播人文知识的有效方式

在多数人看来，人文是与"高冷孤傲、曲高和寡"画等号的，人文与"实用"是对立的，人文必不实用。那么，在人文知识的传播中，如何才能引雅入俗呢？

**1. 让人文可以触摸的几种途径**

"世界读书日"的阅读推广。社团可以配合学院图书馆开展"世界读书日"活动，通过举办流动书展、发放宣传资料及推荐书目、书谜竞猜、人文知识大闯关等活动，让学生参与其中，从而得到人文的熏陶，提升人文素养。

传统文化中，节日与节气的推广。在传统文化中，节日与节气是必不可少的元素。为了让学生加深对传统节日与节气的了解，社团组织了中秋咏月、游园祭烈、棕飘香送温馨等活动。学生通过苏轼的《水调歌头》、季羡林的《月是故乡明》、朱自清的《荷塘月色》等优美的诗词和散文，来诠释他们对中秋、对月的理解，来感悟中国传统文化中一直提倡的"水德"和"月德"；通过端午节包粽子品尝活动，学生在感悟节日的同时，沟通了生生之间、师生之间的情感；通过指导教师

讲解《陶然化蝶》,学生清明扫墓、游园祭烈活动,来感悟清明节,激发学生爱国情感。

《红楼梦》的推广。针对工科职业院校中四大名著全部读过的学生寥寥无几的状况,开展《红楼梦》系列活动。在策划系列活动时,通过设计参与面很高的"红楼梦中菜"活动,也可以通过设计参与人数不多的"红楼梦中人"讲座和游览大观园活动,既让基础相对较好的同学学会分析红楼梦中人,也让更多同学因为对红楼梦中菜感兴趣而关注名著。总之,通过点与面相结合的实践方式,让雅俗合流,让人文有了味道。经过"红楼梦中菜"活动的熏陶,学生在味蕾上保留着对茄鲞和豆腐皮包子的记忆,脑海中还会存留同学解读这两种食物出现回目时的画面。通过食物展现的方式感悟《红楼梦》,使学生感到人文就在我们每一个身边,人文知识并不遥远。

回望轴心时代。"人类一直靠轴心期所产生、思考和创造的一切而生存。每一次新的飞跃都回顾这一时期,并被它重燃火焰。"就人文素养教育而言,轴心时代思想是无法回避的命题。组织辩论赛是让学生理解轴心时代先哲们思想的最佳方式。为促进学生思想成熟,同时树立学生的社会责任感和使命感,指导教师设计的辩题涉及人性、人生、社会,有"人性本善、人性本恶""社会秩序的维系主要依靠道德还是法律""知易行难与知难行易""美是客观存在还是主观感受"等。社团教师指导学生收集素材,通过对辩题的理解,逻辑底线的设置,以起承转合的文章章法撰写辩论稿,用轴心时代思想引导学生为解决人类及社会现实问题寻找办法,达到提升学生知识梳理能力、逻辑思维能力、语言表达能力、随机应变能力的目的。

**2. 让人文可视可听**

在社团学生中,有人喜爱文学,有人喜欢朗诵,根据学生的特点进行分组。让学生尝试创作,使学生的创作落在纸面上,再让文字跳出来,变成可视可听的成果,以朗诵、短剧等鲜活的方式展现在大家面前。如通过原创诗朗诵《五四畅想》的创作,培养团队精神,激发爱国情怀、民族意识、社会责任意识;再如学生在阅读了《西花厅的海棠花又开了》《周恩来传》等文章与书籍,看过视频资料《百年恩来》后,创作情境散文并朗诵《西花厅的海棠花又开了》。通过原创及排练,他们由开始对"万人空巷送总理"的不理解,到后来含着眼泪看完视频,含着眼泪完成了创作,参演的同学含着眼泪完成演出,周总理等老一辈革命家公而忘私、抛头颅洒热血的革命情怀深深地感染了他们,还比如学生在查阅大量参考资料的基础上,创作《法辩》《五月激流》等人文短剧,探究典型时代背景下,不同社会背景人物的典型事件及他们的精神世界,尽管受到时间、精力、个人积累不足等因素的影响,无法做到真实而生动地再现当时社会各阶层的生活原貌,但通过一路的考证，学生的知识积累在活动中可以得到迅速增加。

**3. 让人文提升气质修养**

原创作品出炉后，社团再组织团队把原创排练出来，逐渐形成了原创、表演、音乐剪接、摄影、摄像一条龙的社团活动模式。学生们利用一切可以利用的时间来训练站姿、走姿、吐字发音、手势、眼神等。通过训练，他们的气质形象发生了很大改观。同时，通过听音乐会、观赏京剧、参观画展等活动，学生们的艺术鉴赏力得到提升，学生的素质随之改变。

## （二）开启心智生活，培养人文精神

人文精神的核心为开启心智生活。心智生活包括智力生活和心灵生活。

**1. 智力生活**

智力生活的内涵有好奇心的培养、精力集中和追求完美。

好奇心的培养。学生往往会对自己的潜能和未知的世界充满好奇。在社团将人文知识实用化的过程中，他们被一个接一个的好奇吸引了。如在撰写《苏东坡在惠州》的过程中，学生们提出好奇的问题是作为四川人，苏东坡在饮食习惯上应当喜辣，那么辣椒是何时引进中国的？通过查阅资料，学生知道辣椒是郑和下西洋时从南美洲带来的，辣椒在我国广泛种植要到明朝嘉靖年间了。宋朝没有辣椒，那么他们用什么来满足味蕾对辣的偏好？于是再查资料，了解到古代在没有辣椒前吃的就是“遍插茱萸少一人”中的茱萸。还有类似这样好奇的追问，当时苏东坡的穿戴是怎样的？他们被浩如烟海的人文知识吸引，对探究其中奥秘充满好奇，在好奇中提升人文素养。

精力集中。未来人类最稀缺的资源不是粮食，不是水，不是石油，而是人们的注意力。缺少了注意力的孩子，教育起来会很困难，缺失了对注意力培养的教育不能称为好教育。精力集中有助于让学生细细地品读书香的安宁，使学生逐渐沉静下来。如在人文竞赛优秀剧本评选的过程中，学生们几乎每天晚上六点开始查阅资料、撰写剧本、讨论剧本，由于精力高度集中，时间在不知不觉中度过，每次下课已经很晚了，学生们才依依不舍地离开，学生精力集中感受人文精神，达到了教育效果的最大化。

追求完美。当人沉静下来后，便会入境。随着对文献资料阅读的不断深入，修改的不断完善，学生们渐渐静下来，创作渐入佳境。在制作《西花厅的海棠花又开了》伴奏音乐时，对于渐入与淡出的处理，失之毫厘，谬以千里，为了追求与内容的契合，学生要在深夜剪接十几遍。在这个过程中，让他们感受对完美的追求。

**2. 心灵生活**

心灵生活包括责任感的提升，即对自己、对他人及社会责任感的提升。如《五四畅想》诗朗诵时，学生们的感言："五四，见证了我们的成长。这份五四情结、家国情怀让我们对自己、对他人、对社会有了一份崭新的认知，让我们懂得了一名中国人应该有担当，一名大学生应该有作为。"通过这些活动的开展，学生的社会责任感有所提升，他们懂得了担当与作为的内涵，懂得了在实践中，表现担当与作为的方式、方法。

### （三）践行人文行为

通过人文实践活动的开展，可以使学生增加对人文知识的认知，同时使学生萌发人文情怀，但是如何外化为人文行为呢？由于从人文知识教育到人文精神的内化过程，是一个通过人文知识对人濡染与涵化的过程。需要训练人文思维、提高人文能力、培养人文精神，最终达到人的全面、可持续发展，这是一个长期反复的过程。社团活动内容呈现多元化，涉及文、史、哲、艺诸方面；活动形式逐步多样化，有诗朗诵比赛、辩论赛、阅读分享等；活动地点逐渐开放化，采取校内校外相结合的方式，教室、食堂，只要可以坐下来的地方，都可以出现社团学生的身影。同时，社团没有教材的束缚，没有场地的制约，可以视学生的需求选择活动内容与形式。因此，可以根据学生的基础素质灵活开展实践活动。

## 三、人文实践中两组矛盾的解决办法

在社团实践活动中，常常会遇到一些矛盾，如边缘与主流、媚俗还是坚守等，因此，需要在社团活动的困惑中探索解决办法。

### （一）边缘与主流

大学教育应该是一种智识的活动，是一种师生之间双向的心智的洞开与灵魂的吸引。课堂只是大学教学的主阵地，而师生的交流应该可以超越课堂。社团无疑是可以超越课堂的一种方式。尽管学生社团在院校处于边缘地位，但也可以参与主流人文素养教育实践。因社团边缘化地位、指导力量的专业局限、缺乏政策保障等制约因素的存在，因此，指导教师可以向学院有关部门建议加强师资力量，从体制机制上得到扶植等。

### （二）媚俗还是坚守

人文知识需要走引雅入俗的实用化道路。然而这里的所谓"俗"仅指通俗，不是低俗与庸俗，或是媚俗地去迎合低级趣味，坚守是社团文化的底线。指导教师应当对学生原创作品把关，坚决摒弃低俗，指导学生放弃媚俗，引领校园文化。

## 四、结束语

杨绛认为，"好的教育"首先是启发人的学习兴趣，学习的自觉性，培养人的上进心，引导人们好学和不断完善自己。要让学生在不知不觉中受教育，让他们潜移默化地提高素质。以学生社团为载体，来开展人文素养教育活动，丰富校园文化还有进一步探索的空间。对一所学校而言，什么才是最重要的东西？最重要的是文化建设。尽管学生社团在学校教育中属于第二课堂，但校园文化建设没有边缘。在校园文化建设中，学生社团是校园文化建设不可忽视的组成部分。课堂教学可以借鉴社团活动内容多元化、活动形式多样化、活动地点开放化的模式，为学生素质的迅速提高奠定基础。

## 参考文献

[1] 周国平. 人文精神的哲学思考[M]. 武汉：长江文艺出版社，2014：3-11.
[2] 杨叔子. 人文教育现代大学之基[J]. 南京农业大学学报(社会科学版)，2001(1)：65-74.
[3] [德]卡尔·雅斯贝斯. 历史的起源与目标[M]. 李夏菲，译. 北京：华夏出版社，1989：7-14.
[4] 胡泳. 我们时代的知识生产[J]. 读书，2003(10)：69-75.
[5] 刘铁芳. 守望教育[M]. 上海：华东师范大学出版社，2004：51-52.

# 将高职人文素养教育落到实处

北京信息职业技术学院　李晓

**摘要**：高职教育应提高学生的人文素养，但现在的实际状况是说的多做的少，要将人文素养教育落实在高职教育的方方面面，制订实施方案，全面提高高职学生的人文素养。

**关键词**：人文素养教育；重要作用；具体实施

高职生的培养目标是：培养与我国社会主义现代化建设要求相适应的，掌握本专业必备的基础理论和专门知识，具有从事本专业实际工作的全面素质和综合职业能力，在生产、建设、管理、服务等第一线工作的高级技术应用型人才。针对应用型人才的培养，在高职学校教育中我们过多地重视了专业技能的培养，学校的课程设置、教学设备和实习车间的更新，都是侧重在专业技能的培养上，而对于目标中所要求的“全面素质”中所包含的人文素养重视不够。随着高职教育的不断发展和用人单位对人才的更高需求及职业教育应落实在对人的教育培养上的反思，我们深深地意识到只有重视人文素养教育，才是高职教育可持续发展的必要保证，是培养应用型、创新型人才的内在需求，是高职教育的发展趋势。

## 一、高职教育亟待加强人文素养教育

### （一）社会发展需要

从今天中国社会经济发展来看，高职教育应当被看作普及教育，而不是什么培养高等人才的教育，所以高职教育就应着眼于对学生的各个方面的全面发展教育，尤其是人文素养教育。人文素养是指一个人在人文方面所具有的综合品质或达到的发展程度，是个体所表现出来的人文科学知识、意志品质、综合能力、行为理念、思想情感等多方面组合而成的一种内在的、稳定的特质，是一个人外在的言谈举止和内在的精神风貌的集中体现，反映了一个人的气度内涵，是现代人精神文明程度的集中体现。

一个国家想要提高整个民族的精神文明水平，靠的不仅仅是经济发展、科技发达，还有文明程度的整体提高。今天我们走出国门，不应只看到经济发达国家的物质生活水平有多高，更应看到他们国民的整体精神文明程度有多好。我们在物质生活极大发展的今天，不应将金钱只用于购买时尚品、奢侈品，而要在提高人文素养方面狠下功夫。看看现在社会上许多暴发户的种种丑态，只以追求金钱为目的的种种丑行，人们在有了钱之后，应该想想如何充实自己的精神生活，这是整个社会该追求的事情，更是教育工作者责无旁贷的责任。

## （二）学生自身需要

众所周知，我们大多数高职学生高中阶段学习成绩不好，很多都是边缘化的学生，有的甚至是退学，再回来读高职的。高中阶段，他们普遍学习兴趣不高，对学校、教师有不满情绪，有些学生为学习成绩所困，自我意识中对自己评价不高，不自信，甚至自卑；还有些学生自暴自弃、破罐子破摔，兴趣都转移到玩计算机游戏等方面；还有些被教师放弃的学生调皮捣蛋，整天瞎玩胡闹。再看看我们的一些高职新生的日常生活细节，随地吐痰、乱丢垃圾、满口脏话，更多时间是在玩手机、玩游戏机，除了玩网络游戏、玩牌之外对其他一切兴趣全无，有的学生给自己的宿舍起名为“棋牌室”。对学习毫无兴趣，人文知识匮乏，课堂上对于教师的提问，即使有什么想法也不知该如何表达，作业抄袭，考试挂科。

从这些方面可以看出，今天的高职学生普遍综合素质和综合能力不够、心理素质较差、社会公德心和社会责任心缺乏、社会交往能力不足。从一些用人单位对学生的反馈来看，用人单位认为有些高职毕业生在工作中缺乏责任心，不肯吃苦耐劳，不善于与人沟通交流，做事浮躁等，这些都说明我们的高职学生在只重视高考成绩的高中教育阶段，已是学生人文教育的一段空白期，如果不在高职教育中加以弥补，我们的教育就真成了培养能干活的工具了，而这种应用型人才是没有可持续发展的，早晚要被淘汰的。

美国芝加哥大学校长赫钦斯在谈到大学教育时曾说：“大学之所以为大学，就在于必须具有自己独立的教育理念，而不能完全被外在的市场和就业需要所决定。”高职教育如果一味地迎合市场的需要，是教育的不负责的短视行为，如果长期忽略人文素养培养，学生的性情往往是浮躁的、思想是浅薄的、人生是没有目标的。一个学生如果只有专业技术，缺乏文化思想底蕴，他的可持续发展的内在动力就不足，这对他们的全面发展，对提升整个社会的精神文明水平都是极为不利的。

## 二、人文素养教育在高职教育中的重要作用

### （一）学习做人

台北大学在大一新生中开设必修通识课程“大学之道”，强调大学生要“先做一个人，再做一个好人，然后才是做一个专业人”，笔者认为这同样适用于我们今天的高职教育。现在的高职教育过分强调工具性与功利性，对于教育的人文性重视不够。

人文素养是关于人类认知自己的学问，做人的根本在于品质的培养而不仅仅是掌握一门技术，能养活自己。我们首先应当在教育中让学生学会做人，引导学生勇于思考人生的意义、价值，发展、完善自己的人格品质，启发学生做一个真正的人，做一个智慧的人，做一个有修养的人。

### （二）学会做事

我们经常说“先做人，后做事”，在做人的前提下，才能做好事情，干好工作。我们在培养学生做人的同时，还要教会他们做事。学习知识的目的就是去用，学好专业知识，做一个专业的人。

学习做事首先要有目标，人生有了目标才会有前进的动力；其次，需要勤劳，天道酬勤，不要嘴皮子，不好逸恶劳，尽心尽责；再次，要禁得起失败的考验，能以健康的心态和科学的方法来对待失败；最后，要有创新的勇气，能够不断学习和进取，跟上时代的脚步，成为一名具有可持续发展能力的职业人。

从学会做事中我们也可以看出，做事与做人密不可分，做事的成功又能促进人的发展、进步，因此，高职教育在教给学生专业知识的同时，更要提高学生的人文素养，才能使学生既能做事，更会做人。

## 三、人文素养教育在高职教育中的具体实施

### （一）利用课堂实施人文素养教育

要想提高学生的人文素养，必须从课堂教育入手，设置适合高职学生的人文素养教育课程。以往的人文素养课程大多是选修课，为建立刚性约束机制，还应把中国传统文化、思想道德修养、文学欣赏、人际沟通交流、心理健康等课程纳入公共基础课，因为这些课程直接关系到学生的健康成长和今后的可持续发展。学生在教师的指导下，通过学习这些课程，提高道德修养水平、沟通能力、表达能

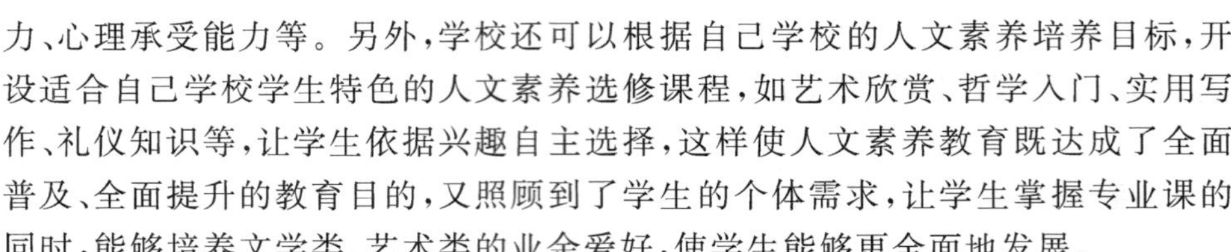

力、心理承受能力等。另外，学校还可以根据自己学校的人文素养培养目标，开设适合自己学校学生特色的人文素养选修课程，如艺术欣赏、哲学入门、实用写作、礼仪知识等，让学生依据兴趣自主选择，这样使人文素养教育既达成了全面普及、全面提升的教育目的，又照顾到了学生的个体需求，让学生掌握专业课的同时，能够培养文学类、艺术类的业余爱好，使学生能够更全面地发展。

### （二）课余文化生活是实施人文素养教育的实践场地

著名学者胡适先生认为学生要具有能力、智力、感情，三者缺一不可，他鼓励学生在做好学习和工作的同时，还要重视业余生活，丰富精神世界。他曾说："我们要想生活不苦痛或不堕落，只有多方发展业余的兴趣，使我们的精神有所寄托，使我们的剩余精力有所施展。"高职学生只在课堂上实施素质教育还是不够的，还要更多地利用课余时间，通过各种活动潜移默化地使学生受到人文素养教育的陶冶和锻炼。

首先，课余时间应引导学生多读书、读好书。多读书，读各种各样的书才能提高学生的素质水平，用书籍特别是文史类的书籍，丰富学生知识、陶冶学生情操。其次，鼓励学生担任志愿者，为社会服务。近些年来，随着各类大型国际盛会在中国的召开，很多学生担任了志愿者工作，我们从中看到了学生的成长，看到了他们在待人接物、职业素养、组织管理、爱岗敬业等方面都得到了锻炼，获得了长足的进步。为此，学校安排学生做各种活动的志愿者，如社区服务、敬老院服务、企业服务等，在实践中提高学生的人文素养。最后，倡导学生成立合唱团、舞蹈队、乐队、书画社等艺术团体开展各类艺术活动，组织学生进行歌唱比赛、书法比赛、绘画比赛、舞蹈比赛、朗诵比赛等，为学生综合素质的提高提供一个实践和展示自己的舞台。有条件的学校还可以进行乐器、舞蹈、国画、书法等艺术培训，充分发挥学校艺术师资，力求让学生获得一定的艺术技能，产生一定的艺术体验，进而提升学生的艺术品位与精神境界。

### （三）提高教育者自身人文素养

教师是教育之本，是人文素养教育的实施者，无论是人文方面的专职教师，还是其他专业课教师，都承担着对学生进行人文素养教育的任务。教师自身的人文素养状况和教学能力直接影响着人文素养教育的效果，由于高职院校普遍重视专业课教师，从而使人文类教师数量不足，缺乏优秀的人文教师，影响人文类课程的授课效果。另外，理工科教师自身也有待提高人文素养，很多教师文学修养和除专业知识以外的文、史、哲等知识匮乏，在教授学生学习专业课程内容之外，无法给予学生更多的人文知识熏陶。因此，现在我们在积极提高学生的人文素养的同时,也亟须提高教师自身的人文素养。学院可以通过进修、培训、讲座等方式,对教师进行人文素养方面的培训,为了考查效果,这些培训可以作为教师考核的内容。另外,教师应利用课余时间带领学生开展人文社团、第二课堂、社区服务等活动,提高学生素质的同时提高教师自身人文素养水平。

今天,我们已经深刻地认识到开展符合中国国情的人文素养教育的重要性,发展人文素养就是引导学生学会做人,发展人性,完善人格,培养学生做一个有知识、有文化、有修养的人。高职教育不应只顾眼前利益,应担负起民族、社会发展的未来,为全民素质的提高做出一份自己的贡献。

## 参考文献

[1] 王妍,朱坚强.台湾高校人文教育的特色与启示[J].探索与争鸣,2014(4):81-84.
[2] 王丽英. 高职院校人文素养教育的人本思考[J].黑龙江高教研究,2009(10):140-142.
[3] 黄奕.高职院校人文素养教育课程开发与实践[J].教育与职业,2014(27):157-159.

# 人文素养类课程建设对于提高人文素养的作用

北京信息职业技术学院　李晓

我国高等职业教育改革与发展的战略目标是：努力建设中国特色现代高等职业教育。具体来说，就是坚持育人为本、德育为先，把立德树人作为根本任务，着力职业道德和职业精神培养，强化职业技能训练，促进学生全面发展，培养生产、建设、管理、服务第一线的高素质技能型专门人才。本着这样的教育理念，我院全面提升高职院校的整体办学水平，经过多年的努力被评为"国家示范性高等院校"，我院在加强专业课建设的同时，也在提高学生人文素养方面狠下功夫。

人文素养教育可以促进人更加和谐、持续、全面地发展。素质是指人在先天生理的基础上，受后天环境教育等影响，通过自身努力养成的稳定的、长期起作用的基本品质和素养。人文素养就是人文科学、人文知识在教育对象身上所体现的内在品格。人文素养教育就是将人类优秀的文化成果及人文科学通过知识传授、环境熏陶，使之内化为人格、气质、修养，成为人的相对稳定的内在品格。也就是传授人文知识、培育人文精神、提升人文素养的教育。人文素养教育的目标就是提高高职学生的文化水平、理论修养、道德情操，就是教会学生如何做人，是高职教育的目标之一。

我院在开展人文素养教育领域采用多渠道教育的方式，在开设人文素养教育的课程上狠下功夫。高职的课程体系是人才培养方案的载体，是人才培养模式创新的主要内容。我院高职教育课程体系的基本要求为，建设GPTC(General Plaform Technology Center)课程模式，通过搭建"通用平台GP"，实施素质教育与通用能力的培养，通过建设"技术中心TC"实施专业技能训练与职业能力培养。我们的人文素养教育主要是通过"通用平台GP"的建设，贯穿整个高职教育过程，实现学生的思想品德教育、人文精神熏陶、思维能力培养、沟通合作训练、身心健康教育、职业素养形成等教育功能。

在搭建通用平台过程中，首先开设必修课程，我院花大力气建设了具有我院特色的职业沟通、科学思维训练、心理健康教育、职业生涯准备等课程和思政课程，这些课程注重培养和提高学生的沟通能力，维护学生心理健康，培养学生的科学思维能力，注重培养学生的爱国情操和道德品质，通过必修课的形式使学生接受必要的人文素养教育，让学生重视人文素养教育，自觉地提高自己的人文知识水平、优秀的道德情操，维护自己的心理健康，为成为合格的职业人打下良好的基础。

除此之外，学院还开设了近百门公共选修课程，供学生从兴趣出发、从爱好出发、从实用出发选修自己喜爱的课程。学院首先开设的是培养学生职业核心能力的课程。由于高职学生在校学习时间较短、较集中，在培养学生能力时应重点培养学生的职业核心能力。职业核心能力是人们职业生涯中除岗位专业能力之外的基本能力，它适用于各种职业，能适应岗位不断变换，是伴随人终身的可持续发展能力。为此，学院开设了自我学习能力训练、信息处理能力训练、数字应用能力训练、与人交流能力训练、与人合作能力训练、解决问题能力训练和创新能力训练共计七门课程。通过职业核心课程的学习，提升学生已有一定基础的核心能力水平，让学生系统了解、发展自己职业核心能力的方法，全面提高适应职业工作所需要的综合能力，为学生将来入职后可持续发展打好基础。

其次，开设丰富学生人文知识的课程，包括中国传统文化、应用文写作、社交礼仪、心理健康知识等既丰富人文素养教育内涵，又有利于培养学生综合素质的课程，如大学语文、中国经典名著赏析、中国传统文化——论语、中华诗词赏析、中国通史、公共关系、社交礼仪、普通心理学、现代心理学、九型人格与识人用人、世界名胜古迹、中国通史、音乐作品欣赏和奥林匹克历史文化等课程。这些课程是对必修课的补充，让学生了解中外历史文化，增长人文知识，做一个有知识、有文化、有思想的高职学生。

另外，作为对专业课程的补充，还开设了科技管理类课程，如办公软件高级应用、摄像摄影技巧、图形图像处理、照片视频后期制作、数学建模、市场营销、商务基础、现代企业管理、人力资源管理和高职生创业指导等，使学生不拘泥于学习专业知识，开阔眼界，学习管理类课程，为学生将来从事管理类工作提供知识和帮助。

从学生学习的兴趣出发，开设了艺术类和外语类课程，艺术类课程有个人形象设计、室内装潢设计、书画艺术欣赏等，旨在提高学生的文化修养和艺术欣赏水平。外语类课程有英语音标基础、英语词汇应用技巧、英语听力技巧、英语阅读技巧、英文影视欣赏、旅游英语、德语基础和日语基础等，帮助学生利用课余时间进一步提高外语水平，掌握一门新的外语。

为了学生身心健康共同发展，我院特别开设了专项体育课程，让学生能够拥有一个健康的体魄来迎接今后工作和生活的挑战。专项体育课程有足球技术、篮球技术、排球技术、乒乓球技术、羽毛球技术、手球技术、跆拳道技术、网球技术、形体训练、瑜伽和体育舞蹈等，这些课程的开设不仅丰富了学生的课外生活，也提高了学生的身体素质，学生可以从兴趣出发选取自己喜欢的课程，达到了愉悦身心的目的。通过体育运动项目的锻炼，还培养了学生吃苦耐劳、不怕失败、勇于胜利的精神风貌。

用丰富多彩的课程来开展高职人文素养教育，充分利用了高职课堂教育的阵地，人文素养教育的开展有助于学生思考人生目标，正确认识自我，明确自我的发展方向，合理规划职业发展方向；有利于培养学生正确的世界观、人生观、价值观，养成良好的道德品质，成为身心健康、有理想追求、尊重他人、关心社会的有用之才。

# 高职语文教学对学生人文素养培养的探究

北京职业技术学院　陈丽娟

**摘要**：提高高职学生的人文素养，是社会进步与时代发展的需要。人文素养教育具有陶冶情操、锤炼品格、开阔视野、拓展思维、净化心灵、提升境界等教育功能。在培养和引导高职学生人文素养的过程中，高职语文课具有得天独厚的优越条件，本文试图从高职院校人文素养教育的视角审视高职语文课教学，明确课程的定位，阐述课程的功能，梳理教学方法，进一步探索高职语文课与人文素养教育的关系，从而更好地推动职业教育人才培养的目标的实现。

**关键词**：高职院校语文教学；人文素养培养

高等职业教育主要是培养生产、经营、服务、管理第一线的应用型、技能型人才，强调职业技能教育，注重职业专项技术的学习和动手能力的培养。近年来，随着我国大力发展高等职业技术教育政策的出台，高等职业教育蓬勃发展起来。加强对高职学生人文素养教育，是全面贯彻党的教育方针、落实科学发展观、构建和谐社会、适应知识经济时代需要的必然要求，是推动高职院校教育教学改革不断深化，实现高职专业培养目标的需要。"人文"一词最早出现在《易经》中："观乎天文，以察时变；观乎人文，以化成天下。"人文即人类创造的文化，是人类实践能力、方式及成果的总称。人文素养是指由知识、能力、观念、情感、意志等多种因素综合而成的一个人的内在品质，表现为一个人的人格、气质、修养，主要包括人文精神和人文知识。作为当代高职学生，不仅要学习好专业知识，提高专业技能，还要同步提升人文素养，重视人文素养在职业生涯中的突出作用。然而，本人通过高职语文课的教学实践和对高职学生的学情分析，认识到高职学生普遍存在人文素养教育相对较薄弱，学生对人文素养的重视度不够高等现象。为此，必须加强高职院校人文素养教育，注重高职学生提高人文修养，为打造高职教育特色和品牌提供必不可少的人文素养基础。对高职学生进行人文素养教育，使他们获得人文精神的感染，从而振奋精神，升华人格，开阔视野，活跃思维，激发爱国情感，培养社会责任感，为学生的可持续发展奠定坚实的文化基础和深厚的人文底蕴。高职语文教育作为一门人文学科，与其他学科相比，有其独特的优势，在高职学生成长成才的过程中，担负着提高和强化学生人文素养的重要任务，体现出强大的引领和导向功能。

## 一、营造和谐的课堂教学氛围，培养学生的人文情怀，渗透人文素养教育理念

作为高职教育教学中的一门文化基础课，高职语文在培养学生的人文精神和人文素养方面起着举足轻重的作用。它植根于中华民族深厚的文化土壤，不仅是一种工具，更重要的是一种文化构成。从功能上看，语文作为交际工具和文化载体，传达的是思想与情感，承载的是文化精神、价值观念和人类的文化成果。对学生进行人文素养教育，教师要发挥好课堂教学的主渠道作用。高职语文课堂教学，教师应成为学生学习的合作者和促进者，在情感上与学生互相理解和尊重，表现教育的人文关怀。教师应努力创设一种民主、平等、宽松、愉快的课堂氛围，根据教学内容的需要创设生活情境，让情感走进课堂。要用真情去拨动学生的心弦，使学生体会到一种浓厚的人文陶冶。在教学中，应采用互动探究式学习方法，激发学生学习热情，从而达到提高其人文素养的效果。教师也可以带领学生对社会、人情世态进行分析，启发学生思考。让学生在思考中进一步感悟人生、认知社会和自我完善价值观体系。

### （一）教学内容要丰富完善，应具有思想性、实用性和审美性

高职语文教学内容，对塑造学生品格、陶冶学生情操、培养学生综合素质具有导向作用。高职语文应合理开设文学欣赏、应用写作、口才演练、书法训练等课程，体现课程的实用性原则。教师应重视高职语文学科建设，不断完善该课程的体系。高职语文教学内容，包括教材本身内容和教师经过整合后所加的教学内容，必须以人文精神为支点，追求文化的多元化和社会化，把人类在社会发展中形成的社会道德、价值观念、审美情趣和思维方式等优秀文化成果内化为受教育者的人格、气质和修养，培养学生的人文素养，促进学生完美人格的塑造，还要重视对学生语言应用能力的培养，提高学生的综合素质。课程设置上，要在注重语文知识结构的系统性和综合化的同时，重视对学生进行人文素养教育。教学的过程，是需要激情的，需要教师全身心地投入和无私奉献。只有教师自身充满对事业、生活的热爱，才会激发学生对生活的热爱。教师应注重培养学生对真、善、美的追求，注重培养学生美好的个性、健康完整的人格、自由开放的精神、创新开拓的意识。重视对学生进行人文素养教育，是高职语文学科建设发展的必由之路。提高学生的人文素养，可从三个方面着手。

**1. 赏析经典名作，感受人文情怀，培养学生的阅读理解能力**

语文教师要善于创设与教学内容相适应的情境，激发学生的情感体验。讲授大学语文，教材中所选的文章大都是古今中外的名篇佳作。许多文学作品蕴含着深邃的思想和丰富的人文精神，体现了作者的品格胸怀和人生追求，对学生精神品格的提升具有非常重要的作用。教师带领学生对这些经典作品进行分析、探究，就能向学生传达其情感神韵，增强学生对生活中是非、美丑、善恶的分辨能力。不仅如此，还要将所教内容充分地融进现代社会生活中，教师要创设问题情境，启发学生积极思维，增强课堂的时代感和新鲜感，激发学生对语文的学习兴趣。让学生带着美好的情感体验去理解文章就会收到更好的效果。

**2. 淡化理论讲解，强调写作实践，提高学生的应用写作能力**

应用文写作课能提高学生实际运用语言的能力。教师在讲授应用文写作课时，要根据课程的特点，进行模块化教学，从学生的实际需要出发，突出应用文的实用性和程式化，从典型的案例讲解中总结写作规律。教师可凭借已有的经验，结合所讲体裁的特点选择相应的教学方式。比如，在讲授求职信、演讲稿的知识时，要通过案例导入、情境展示、理论精讲、模拟写作、互动点评、要点分析、现场辩论等环节，在课堂教学的过程中，对表现出色的团队及个人，都会有积分的奖励，作为平时成绩的累计。学生具有较高的学习热情，思想能始终处于积极的活跃状态，在教师的引领下，就能逐步提高学生的写作能力。这种寓教于乐的教学形式，带有形象性和情感性，会使课堂变得更为生动活泼。

**3. 品读诗歌散文，领略其深邃意境，提升学生的审美能力**

审美能力培养的一般过程是感受美、认知美、表现美、创造美。要保证学生通过课堂获取丰富的文化知识、扩大视野、增长见识，激发机智和灵感，既得到情感熏陶和升华，又能培养能力、锻炼思维。这就要求教师在实践中要尊重学生个人体验，培养其审美情趣。语文教材中的许多作品洋溢着真、善、美，浓缩了本民族和世界人民的美好情感的精华，这是对学生进行审美教育得天独厚的优势，是人文素养的重要内涵。与小说和戏剧相比，诗歌和散文篇幅短小，学生更容易较快地获得全文信息。教师应在授课过程中力求从审美的角度审视文学作品，带领学生进入作品的美好意境中，不断提高学生的审美感知、审美能力，使素质教育得到进一步推进。文学欣赏课就是从美学角度赏析名篇佳作，在优美的音乐伴奏下，教师深情朗诵所讲的诗歌、散文，然后再带领学生一起朗读，感受作品中蕴含的深刻内涵和美的意境，在这个过程中，学生获得了阅读的审美体验，感受到了文学作品的独特魅力，这样的课堂教学是开展人文素养教育的有益尝试。

教育所肩负的更重要的使命是陶冶人性，铸造健康饱满的人格。教师要钻研语文教材，精心备课，规范教案，充实内容，板书清晰，结构严谨，仪态大方，语言准确生动，加强与学生的沟通，活跃课堂气氛，与学生关系和谐融洽。语文素质不仅包括文学素质，同时也包括语言知识、语言应用能力等方面的内容。高职语文还要重视培养学生的语言应用能力，提高学生的综合素质。语文课上课前增加学生演讲环节，为锻炼学生口语表达能力提供平台。学生所讲的内容自己选择，由教师在宏观上加以把握，思想积极向上、弘扬时代主旋律，关于社会和人生等各方面内容都可以作为演讲的题材。每位同学为了能在全班同学面前充分展示自己，课下会花费一定的时间去选择素材、精心设计、精心构思，在整个过程中，无论是思想修养还是文学知识都得到了提高。在语文课堂上，每位学生都有机会走上讲台，在班级同学面前展示自己的风采。这一做法增强了演讲同学的自信心和表现力，得到了学生的积极响应。在讲课过程中，语文教师运用科学的授课方法，突出学生的主体地位，注重学习方法的传授，重视学生能力的提高，收到了明显的教学效果。课堂教学生动性的特点得到了充分的体现。

文学作品总能给人带来审美的愉悦。作为高职语文教师，应重视文学作品独特的人文色彩，站在人文修养层面来安排教学内容，这无疑对拓宽学生视野、熏陶学生情志、培养学生综合素质具有积极的作用。在赏析名篇佳作的过程中，带领学生进入了一个提升道德水准的境界，从而使学生的心灵得到净化，性情受到陶冶。

### （二）教学方法要多样选择，应具有灵活性、生动性和趣味性

高职语文课堂教学，教师应努力创设一种民主、平等、宽松、愉快的课堂氛围。课堂教学氛围主要是指班集体在课堂教学过程中形成的一种情绪、情感状态。其中包括师生的心境、精神体验和情绪波动，它反映了课堂教学情境与学生集体之间的关系。

要营造诗化的、思辨的、和谐的课堂氛围，语文教师有时需要创设生活情境，让情感走进课堂，充分体现文学作品以情感人的特点。教师也应以情去拨动学生的心弦，使学生体会到一种浓厚的人文陶冶。教师在讲课时应根据内容的需要和学生的特点，选择不同的教学方法，要灵活地采用案例讲解、分组讨论、辩论答疑、问题导向、主题演讲等，课堂上要抓住核心的、学生感兴趣的话题，引导学生开展讨论，让他们敢于思考、乐于思考，引发他们对生命、人与自然、人与社会、生活意义等问题的沉思和追问，在思想交流中，获得人生的智慧。教师的引导让学生真切地感受到自身的主体地位，能发自内心地感受到学习是一种精神上的享受，从而引领学生心灵向善，追求更美好的生活。学生的人文素养不是靠说教，更不是强加灌输就能培养的，只能是教师潜移默化地影响，关键还需要学生个体主动自觉地去领会、感受和顿悟，虽然人文素养教育在短期内不能收到十分

明显的效果，但它对学生的价值观、人生观和世界观渐渐地会产生深远影响。因此在高职语文课堂教学中，教师要营造和谐的课堂教学氛围。

只有师生共同对教学内容进行探讨，教学才能真正收到效果。在对具体文章学习的过程中，师生互动成为教学的主旋律。为使语文课堂教学收到实效，打破了教材中原有的排列顺序，古文与现代文穿插，古诗词与现代诗歌穿插，使学生对所学内容有一种新鲜感。课堂多提问，引发学生思考，调动学生的积极性，使他们参与到教学中来。分组研讨、课堂辩论等教学形式，更能调动学生参与教学的积极性和主动性，也是促进学生个性发展的好方法。讨论前，教师巧设引言，激发其兴趣，巧设疑难，拓宽其思维。通过研讨和辩论，学生的逻辑思维能力、口语表达能力等方面都得到了实际的培养与锻炼。

### （三）教学手段要不断更新，应体现先进性、综合性和人文性

实施素质教育的关键因素是高素质的教师。教师要把人文素养教育渗透到教学的各个环节，使知识教育和科学精神与人文精神高度融合。在培养学生人文素养的教育过程中，教师不仅要具备先进的人文素养教育的理念，自觉学习，不断提高自身人文素养，还要熟练掌握现代多媒体技术，运用多媒体和网络相关内容进行教学，从而进一步提高教学的质量。要率先垂范、言传身教、正确引导，展现语文知识范围以外的亘古不变的人性、人情和真理，让学生从中受到深刻的启迪，懂得生命的价值和人生的意义。

只有采用现代教育手段，创造有生命力的课堂，才能使学生受到熏陶和感染，充分调动学生的课堂参与积极性。教育心理学研究表明，视觉和听觉的组合对学习内容的感知和记忆力比单一运用会有极大的提升，而且对多种感官的交替刺激，可充分调动大脑的功能，使之处于兴奋激活状态。因此，在高职语文课教学中使用多媒体技术，从视觉、听觉等多方面给学生感官以刺激，会收到更好的教学效果。教师应利用现有的多媒体教学软件或光盘，也可以自己精心设计教学课件，进行多媒体教学，运用多媒体技术，展现出的图文并茂、声情相生的课堂教学场景，会极大地吸引学生的注意力，引发他们对所讲内容的兴趣，使他们积极参与课堂教学活动。讲解内容时，可选用优美的音乐、形象的画面加以配合，还可选择与教材内容相关的电影片段来加以强化。

教师要用多样的教学手段来吸引学生，创造出一个全方位的人文环境，唤醒学生对人文素养的内在需求。采用适当的板书和多媒体课件教学相结合的方式，在生动、形象的展示过程中，既强调教学的重点，又能调动学生的视觉、听觉和触觉等多种感官，使他们更深刻地理解所学内容，从中受到审美感染，产生良好的教学效果。

## 二、搭建学生课外活动的平台，丰富学生的人文知识，强化人文素养教育内涵

爱因斯坦曾说："学校的教育始终应该是，青年人在离开学校时，是作为一个和谐的人，而不是一个专家。通过专业教育，他可以成为一种有用的机器，但不能成为一个和谐发展的人。要使学生对价值有所理解，并产生热诚的感情，那才是最根本的。"这段话深刻地揭示了高等教育要以培养和谐的人为终极价值取向，以人文素养教育来主导专业教育，把学生培养成一个有知识、有智慧、有教养的人。高职教育在为学生提供牢固的技能基础的同时，还应培养学生具备一定的社会能力，具有较丰富的人文知识和终身持续发展的能力。人文知识包括政治、经济和文化知识。高职学生通过学习一定的人文知识，可以培养他们的情感，丰富他们的精神世界，提升他们的人文素养。社会能力强调在职业活动中对社会的适应性，从业者应具有积极的人生态度，社会能力的核心是人文精神和人文素养。学生人文素养的强化，课外活动是对其有益的补充。课外活动不仅能使学生产生在课堂上体验不到的情感，还可以促进他们将人文素养外化为行为，并且从中亲身感受到文化的精髓。

### （一）创新能力的培养：成立文学创作兴趣小组

教师在平时的授课过程中，要善于观察，了解学生，把那些在语言表达方面有独特优势、写作能力较突出的学生选出来，组成青春诗社、创作社团。要选出专门的负责人，诗社成员要定期进行切磋、交流、研讨，将较为成熟的创作成果，以板报的形式展示出来，影响并带动其他学生，形成良好的学习和育人氛围。对文学创作兴趣小组，教师要进行个性化的辅导，激发学生的创作热情，发掘他们的文学创作潜能，进一步提升他们的写作水平，为学生张扬个性，展示才华，提供必要的指导、帮助。充分发挥语文教师的优势，进一步培养学生的人文情怀，逐步提升学生的文化品位。

### （二）课堂教学的延伸：指导学生进行课外阅读

古今中外优秀的文化成果对高职学生的人生价值观、人格塑造、道德行为等能起到启迪、感化、升华的作用，为学生培养自身的人文素养提供广阔的舞台。人文精神追求真、善、美的统一，即追求心灵的完美性。高职语文教师除了要在课堂上讲授语文知识，还要在课外引导学生进行文学阅读。

接受美学认为，文学文本留有许多空白。只有经过读者阅读，把文本中的符

号、概念变成具体的形象的时候，文本才称为作品。要填补文本的空白，必须运用联想和想象。一部完整的文学作品不仅包括作者、文本，还包括读者。有了读者的参与，才能真正实现其社会价值，因为文学作品的意义是由读者参与创造的。从接受美学的角度看，作品只有在读者阅读的过程中才真正完成了创作。只有读者个性渗入，作品才是活的、有生命的。课外阅读作为语文课堂的延伸，学生在阅读中会获得更多的审美感悟，能产生联想和想象，会联系到自己的情感、生活以及所处的社会或时代，进而与作者产生心灵的共鸣。教师要引导学生个性化阅读，引导他们从作品中读出自己、认知自己。坚持长期的课外阅读，并做好读书笔记，能培养学生良好的语感，能触发学生的灵感，丰富他们的精神世界，使学生的语文能力、语文素养和文化品位等都能得到提升。

人文教育的关键在于教师的引导。要保证高职语文教学的人文性，还要加强师资队伍建设，促使教师文化底蕴、审美情感、人格魅力不断升华。高职语文教师应具备广博的知识、高尚的道德、爱岗敬业的奉献精神、与时俱进的思想水平，具有关怀学生健康成长的爱心。只有具备这种人格魅力，才会赢得学生的尊重，才能具有无穷的感召力、凝聚力和亲和力。教师在指导学生课外阅读时，学生才会按照教师的指导完成阅读任务。

## 三、创设优美的校园文化环境，培育学生的人文精神，拓展人文素养教育空间

环境影响人，人创造环境。校园文化是学生每天处于其中的一种人文环境，对高职学生的人文修养具有潜移默化的作用。提高学生的人文素养，校园环境是必要保障。优美的校园文化环境，能够使学生养成良好的生活方式和积极向上的人文精神。人文精神是指人的价值观念体系、责任心和创造力，对人的尊重和对生命的珍爱，它是国民文化素质的核心内容，也是国民文化素质的集中体现。健康积极的校园文化氛围，对学生的人生追求、价值取向和思想品格有着重要的影响。为学生创造一个良好的学习和生活环境，会提高学生对学校的认同感，进而影响每个学生的情操与心理。

（1）培养学生的爱校之情。语文教师要引导学生理解包蕴在校园人文环境中的人文精神与人文理想，引导学生对校训、校徽、校歌等有较深刻的理解和领悟。学生只有理解了校园人文环境中包蕴的人文精神与人文理想，才会在三年的高职学习生活中，更加珍惜自己的学习机会，努力从中汲取养分，更加热爱自己的学校。学校成为学生学习知识的乐园，健康成长的家园，因而会使学生有一种认同感和归属感。

（2）组织名著品读活动。经典名著在提升学生人文素养方面的作用是巨大的。语文教师要引导学生课外阅读经典名著。一部好的作品会影响一个人的一生。学校可以充分利用网络媒介，纸质图书与电子图书阅览相结合，提高学生选择信息的能力，增强学生上网的自律意识和安全意识，并引导学生积极地利用网络为自己的学习提供便利条件。

（3）开展各种文化活动。在坚持人才培养方向的前提下，学校能够允许并鼓励学生按照自己的个性去发展。比如，"戏剧艺术节""舞蹈大赛""12·9歌咏比赛""元旦迎新晚会"等，让学生在活动中充分展现自己的特长，锻炼能力，增强自信，提升综合素质。在各项活动中，学生的人文情操得到培养，人格得到完善和健全。为学生创设各种各样丰富多彩的文化活动，能大大激发学生热爱生活、乐观向上的热情。

（4）开设人文知识讲座。营造一个良好的文化学术氛围，就学生普遍关心的社会热点、自身发展、未来求职等问题，聘请校外专家学者、知名人士来校讲学，定期开展人文知识讲座，提高校园文化品位。学生会从中获得更多的信息，更多的人生启迪，视野会更加开阔，思路会更加明晰，对学生的价值取向和未来的发展会产生积极的影响。

（5）成立各种社团组织。学生人文素养的提高必须经历自我感悟、积极行动直至自我提升的实质飞跃阶段。在高职校园里，文艺沙龙、合唱团、志愿者协会等社团组织是学生课外活动的最好形式，最能充分调动学生的主观能动性和积极参与的热情。丰富多彩的校园文化生活，有利于培育学生的人文精神。

## 四、举办校内的各种竞赛活动，提升学生的人文气质，巩固人文素养教育成果

语文课教学要有意识地强化学生的实践能力，注重对学生灵活运用语文知识的实践能力的培养，这正是素质教育的需要。在学生人文素养提升过程中，学生自我教育是核心。语文学习是一项基础性、多元性的人文活动，是一个长期的人文过程。作为工具性和人文性并重的一门学科，语文学科包含着太多的内容，需要我们用一生的时间去学习和领悟。为了巩固和强化学生的学习成果，可定期举办语文知识竞赛、演讲比赛、书法比赛、诗朗诵等活动，通过客观公正的评比，产生出竞赛的最佳选手，使他们成为其他学生的楷模，影响并带动一大批学生。各项比赛对学生的语言表达能力、汉字书写能力、审美感悟能力都有积极的促进作用。在这些活动中，学生的心灵得到了陶冶和净化，同时语文能力得到了

极大的提高。

高职学习阶段是学生的心理、智力的发展及价值观和人生观树立的重要时期，教育无法回避人的心灵需求、人生目标、人生意义和价值观等领域的问题。语文教师有义务引导学生认识到人文素养对自身发展的重要性和潜在影响。应该深入开展素质教育理论研究，为学生积极地创造条件，开展丰富多彩的校园文化和社会实践活动，鼓励他们按照自己内在的需要去塑造自己，建构自己健全的人格和精神世界，让学生主动认识到人文精神的价值和力量，让高尚的人格和良好的修养成为每一个高职学生的人生理想和终极追求。苏东坡曾言道："腹有诗书气自华。"文学素养的提升，有利于学生对社会、人生有一个深切的认知和感悟，有利于培养学生的健全人格，有利于学生在未来人生道路上成长、进步与发展。

## 结语

文学即人学。在社会历史的发展和演变中，文学扮演了重要的角色。它引导人们的思想，启迪人们的智慧，陶冶人们的情操，成为每个时代不可或缺的精神食粮。高职语文课成为实施人文素养教育工程的重要内容之一。人文素养教育的目标就是要提高学生的理论修养、道德修养、文化修养，就是要教会学生怎样做人。高职院校要培养学生学会综合运用人文科学方法和自然科学方法观察问题，形成综合思维，强调课程的综合性，使学生的知识结构趋向完整与合理，科学与人文并重，继承与创新并行。高职教育实现高素质技能型的人才培养目标，可以完善学生的人格，发展学生的潜能，促进学生的就业，成就学生的未来。人文精神既是国民文化素质的核心内容，也是国民文化素质的集中体现。高职院校在人才培养模式上要确立全面发展的培养模式，既要培养大学生具有完备的专业知识和技能，又要加强学生的人文素养教育。只有加强对学生的人文素养教育，使学生具有强烈的社会责任感和爱国主义精神、与时俱进的开拓精神和创新能力，才能培养出具有较高人文素养和科学知识的高素质人才，才能真正实现人的全面发展。笔者在加强高职院校学生人文素养教育的具体实践中，做了一些有益的尝试与探索，并取得了较明显的成效。但还需要在今后的教学实践中进一步完善和发展，还有待进一步提高。

综上所述，高职语文要进一步加强对学生人文精神的教育，使知识性与思想性结合起来，突出育人功能，从而培养与提高学生的人文素养和科学素质。

## 参考文献

[1] 孙晓敏.高职语文教学中培养学生人文素养的研究[J].黑龙江教育学院学报,2009(9):148-149.

[2] 刘江华.关于高职语文教学提高学生人文素养的探讨[J].理论经纬,2011(8):4-6.

[3] 陈红英.论高职语文教学中学生人文素养之提升[J].当代教育论坛,2013(3):116-117.

[4] 袁焕玲.高职语文教学中大学生人文素养的培养[J].教育与职业,2013(9):191-192.

[5] 杨新生.大学生人文素养教育[M].北京:中央文献出版社,2012:1-224.

# 基于北京市大学生人文知识竞赛构建高职大学语文实训教学平台

## ——以北京戏曲艺术职业学院为例

北京戏曲艺术职业学院　卜红艳[①]

**摘要**：实训教学是现代高等职业教育的重要组成部分，但大学语文作为文化理论课在实训教学方面比较缺失。本文从北京戏曲艺术职业学院参加“北京市大学生人文知识竞赛”谈起，阐述了构建大学语文实训教学平台的目的以及具体措施，最终以期学生通过多种素质综合演练的实践性教学，增强语文素养与职业素质，提升大学语文的职业教育功能。

**关键词**：大学语文；北京市人文知识竞赛；实训；教学；平台

## 一、引言

2014年5月，《国务院关于加快发展现代职业教育的决定》中指出，“强化教学、学习、实训相融合的教育教学活动。推行项目教学、案例教学、工作过程导向教学等教学模式。加大实习实训在教学中的比重，创新顶岗实习形式，强化以育人为目标的实习实训考核评价”。《国家教育事业发展“十三五”规划》中也强调了实训教学在职业教育中的重要地位，“加强实训基地建设，创新实训基地运行管理模式，提高实验实训设备使用效率，鼓励行业、企业参与实训基地建设”以及“构建课程标准与职业资格标准相融合、理论与实践教学一体化的职业教育课程体系”。

国家以及教育部门对实训教学的重视由来已久，早在2000年《教育部关于加强高职高专教育人才培养工作的意见》中就提道“各院校要特别重视实践教学

---

① 基金项目：本文系北京高等学校青年英才计划项目(Beijing Higher Education Young Elite Teacher Project)“面向艺术类专业的大学语文课程开发”的研究成果之一。(项目编号：YETP1850)

作者简介：卜红艳(1978—　)，女，汉族，江苏淮安人，北京戏曲艺术职业学院中文教研室主任，高级讲师。

内容的改革，增开综合性、设计性、应用性强的实验项目，加强现场模拟教学的组织和设计，训练学生基本技能和应用能力，规范实践教学考核办法，保证实践教学质量”。其中，对人文类课程也谈道，“要注重人文社会科学与技术教育相结合，教学内容改革与教学方法、手段改革相结合，教学内容要突出基础理论知识的应用和实践能力培养”。

## 二、实训教学在高等职业教育中的重要性

实训教学是现代高等职业教育的重要组成部分，与传统本科教学不同，高等职业教育更加强调学生进行职业知识与实际技能的培养与训练活动，强调“产学研”的人才培养模式，目的是为社会和国家培养高素质的职业型人才。这里的“产”，实际上是指实训教学，具体分为校内实训与校外实训，形式多种多样；“学”是指课堂教学与学习，让学生打下扎实的知识理论基础；“研”则为“产”“学”提供科研支持与平台。“产学研”三者之间关系紧密、相辅相成，缺一不可。其中，最能体现现代高等职业教学特点的“产”，即实训教学，势必要引起教师们的足够重视。实训教学的突出特质就是模拟实际工作环境，在学习理论的基础上更加强调实践学习，用这样的教学手段，在这样的教学环境中授课，目的是使学生具备较强的职业素质，将来能够直接胜任工作。

在就业形势越发严峻的今天，高职毕业生欲在用人市场上占有一席之地，必须突出“职业”“应用”这样的优势，实质就是动手能力强，适应岗位快，而这些职业素质落实在平日的教学中，实训教学可谓义不容辞。学生正是通过在校内外实训基地或仿真环境中的实训，有针对性地学习、掌握了某些职业技能，培养了职业素质，毕业后能较快地胜任其所从事的职业工作。可以说，实训在高职实践教学中占有相当重要的地位，是高职实践教学的重点。

## 三、大学语文实训教学的现状

我院在艺术教学实训方面有着丰富的经验，校内的少儿戏剧场，校外梅兰芳大戏院、长安大戏院等各式的演出团体与机构都为我院的艺术实训教学提供了广阔的舞台空间。相比之下，大学语文课程在教学实训环节方面，就显得很单薄，其具体表现是很难开展实训教学，即便在有限的课堂实训环节，学生参与意识不强、兴趣不浓，实训教学效果不甚理想。

大学语文实训教学难以开展的原因主要有以下几点。

(1) 文化理论课的学科特点是以讲解文化理论知识为主，表现形式不是直

接传授职业技能，与技术性较强的课程相比，缺少足够的实践技术支撑。

(2) 大学语文并非学生的核心主干专业课程，学生的重视程度以及学习热情不高，导致学习效果不佳，实训教学开展难度大。

(3) 高职类大学语文实训教学在国内尚无成熟的模式与成果可以借鉴。

(4) 由于受到课时、授课人数、实验室场地等客观条件限制，大学语文实训教学的开展缺乏必要的物质条件。

大学语文实训在已往教学中的不足与缺失，导致学生学习大学语文兴趣不高，成果不明显，与职业教育脱节，最终使得学生的母语水平与人文素养的现状令人担忧。在国内大学语文教学改革现阶段遭遇瓶颈之际，开展与深化大学语文实训教学工作，也许能为我们提供另一个全新的教学改革思路与途径。

纵观欧美发达国家的高等职业教学，实训教学一直是其核心组成部分，母语教学也是如此。在欧美许多职业教学中，母语的实训教学开展得有声有色，形式多种多样，如撰写读书笔记、调查报告、论文写作、辨析讨论、作品演绎等，全面提高学生母语的听、说、读、写能力，这应该引起我们的深刻思考。

## 四、构建大学语文实训教学平台的举措

笔者在近些年的大学语文教学中一直努力探索实训教学，从课堂环节着手开展，积累了一些经验，但囿于主客观条件，其效果不是很理想。从 2012 年开始，我院参加了北京市大学生人文知识竞赛，以此为契机，大学语文实训教学迎来了历史性的突破。

北京市大学生人文知识竞赛(下文简称人文知识竞赛)是北京市教委主办的面向全市大学生的人文竞赛活动，属于北京市大学生学科竞赛的一部分，也是北京市教委主办的高校市级人文类最高级别的学科竞赛活动，分为本科组与高职组。竞赛从 2009 年开始举办，高职组由北京财贸职业学院承办，目的在于提高大学生的人文素养，提升大学生的文化品位，培养大学生的文化自觉与创新精神。

人文知识竞赛以“观乎人文，以化成天下”为主题，以文史哲的基础知识、传统文化经典阅读、必要的艺术修养、科学史与自然科学常识、北京历史文化常识为考查内容。大学语文虽不能覆盖人文知识竞赛的全部内容，但是在我院已经开设的高职课程中为最接近竞赛内容的课程。以首届人文知识竞赛初赛试题为例，古代文学以及外国文学内容占 73%，古代文化以及外国文化占 17%，自然史以及科技史占 10%，因此大学语文义无反顾地成了人文知识竞赛的支持课程。

2012 年 9 月，我院接到参加第四届人文知识竞赛的通知，学生们得知相关消息后也显得非常活跃和积极。我们首先做好宣传工作，包括张贴海报、课堂宣传等；其次积极调动学生的参赛热情，发放相关参考书籍之后，学生在学习大学语文上出现了喜人的现象，上课认真听讲的学生多了、上图书馆自习的学生多了、来和教师切磋问题的学生也多了；最后在高职一年级学生中进行选拔，确定了参赛的两支代表队，共计 10 名代表。10 月 29 日，我院 10 名学生在清华大学参加了高职组初赛，其中 1 支代表队顺利通过，将代表我院与其他北京市 20 所高职院校在决赛中决一胜负。

人文知识竞赛的决赛分为两个环节，现场答题与人文演绎。其中，尤为引人注目的是人文演绎环节，要求学生深刻体会某些命题的历史与思想意象，运用一切可能的艺术手法(散文诗、话剧、舞蹈等体裁)，配合以一切可能的辅助手段，如多媒体配图、配乐、配灯光等。该环节主要检验各参赛队的理解能力、创新精神与合作意识。

我院作为一所艺术类高职，在人文演绎方面具有绝对优势。这次比赛，我们选择了大学语文课本中的《西厢记》片段，用京剧的形式来演绎。我们系统地向学生介绍了《西厢记》的历史演变，从唐代诗人元稹所写的传奇《会真记》到金人董解元作《西厢记诸宫调》，再到王实甫的杂剧《西厢记》。同时指出故事情节以及人物形象的演变：从开始的张生薄情、始乱终弃到皆大欢喜的大团圆结局再到王实甫笔下把男女主人公塑造成在爱情上坚贞不渝，敢于冲破封建礼教的束缚，并经过不懈的努力，终于得到美满结果的一对青年。学生在深层次上理解了《西厢记》的创作流变以及人文内涵后，分配角色，在实训教学中一次次揣摩人物的内心和情感，最终在决赛舞台上完美地演绎了张生、崔莺莺、红娘各自鲜明的人物形象。这次表演博得了阵阵掌声，获得了人文演绎环节第一名。赛后学生和教师积极总结经验与不足，经验是要把实训教学充分融入大学语文的平常教学中，通过听、说、读、写各种方式，帮助学生揣摩作品的深刻内涵，在此基础之上演绎作品内容，进行第二次创作。人文演绎也是考查学生团队协作能力的重要手段，这是个集体创作，想要取得成功，需要每一位成员的协作与努力。在表演过程中，由于出现了一个小意外，个别同学情绪不够稳定，发挥不够好，事后师生再次强调“一棵菜”的精神，提升了学生的大局意识，更是提高了他们的人文素养。

2013 年 11 月 29 日的第五届人文知识竞赛决赛上，学生的表现取得了长足进步。在轻松通过现场答题之后，人文演绎环节中学生的表演赢得了在场专家和观众的一致好评。这次的赛前实训中，我们以大学语文教材为范围，让学生自己选择篇目并用各自最擅长的艺术形式来演绎，最终定格为《春江花月夜》。学生们一致认为这首“孤篇压全唐”，且被闻一多誉为“诗中的诗”“顶峰上的顶峰”

的作品，艺术意蕴丰富，有实践操作性。决赛的舞台上，音乐系学生用琵琶来演奏中国古典民乐之代表曲目《春江花月夜》，伴随着美妙的音乐声，有一妙龄女子轻挥长袖，翩翩起舞，这是舞蹈系学生用古典舞的形式再现了“可怜楼上月徘徊，应照离人妆镜台”的相思之情。接着，影视系学生从低声喃语到慷慨激昂地朗诵了诗歌，戏曲系学生则用京剧演唱了诗歌的部分内容。舞台的一角，舞美系学生没有丝毫懈怠，挥毫泼墨“春江花月夜”五个大字。最终整个表演把诗歌、音乐、舞蹈、朗诵、书法五种艺术形式融为一体，完美抒发了真挚动人的离情别绪及富有哲理意味的人生感慨。

其中尤为值得一提的是，京剧唱腔部分来自戏曲系学生的原创。舞台上同学们的古典演出服装是由舞美系服装专业学生设计的，古代人物的面部妆容也是由舞美系人物造型专业的学生设计并上妆的。学生用各自所学的艺术形式，不仅体现了《春江花月夜》中自我对人生、自然乃至宇宙的哲学思考，表达了自我的审美情感、审美理念和对生活的审美感悟，更是在表演中传承并弘扬了中国传统艺术文化。在这样的实训教学中，学生深度解读了古代诗歌，提高了语文水平，更是把专业学习和大学语文课程紧密地联系起来。实训教学的优势在这次表演比赛中充分地显现了出来，学生一改以往传统课堂上被动低效的学习状态，对大学语文显示出浓厚的兴趣与热情。

这两年的人文知识竞赛参赛经历不仅锻炼了学生，对外展现了学生的形象和风采，更重要的是为我院大学语文的实训教学提供了非常好的契机。自此，我院高职学生每年参加人文知识竞赛已成为常态，大学语文实训教学环节也融入课堂教学之中，并且构建了大学语文实训教学平台的雏形，营造了校园的人文学术氛围，丰富了学生的文化生活。课前，要求学生写读书笔记；课上，有演讲、朗诵、辩论、演绎等环节；课后，更是开展了语文知识争霸赛、大学生征文比赛、大学生自我推销等多种实训活动。

大学语文实训教学，打破了传统的教师讲解的授课方式，拉近了教师与学生之间的距离，学生通过自己的实际训练，在潜移默化中不但提升了人文素养，而且增强了职业素质。在系列实训活动中，学生还加强了集体凝聚力、团队协作能力，学会了与人相处之道。学生意识到，学好大学语文不仅仅可以在比赛中夺得名次，更对将来自身的职业规划及其实施有着重大意义。

## 五、结语

我院大学语文实训平台的构建为今后的实训教学提供了宝贵的经验，实训教学与传统课堂理论教学相得益彰，共同促进了高职院校人文素养教育工程。

我们在实训教学平台构建过程中，深感实训教学对理论课教学的质量提升同样有着重大意义。

在具体实训教学构建中，要注意以下几项原则。

(1) 大学语文实训教学是职业教学中的重要组成部分，其开展要和学生的专业特长以及学院的办学特色相联系，充分利用现有的条件，调动学生的学习热情与兴趣。

(2) 大学语文实训教学的构建是系统工程，形式要多种多样，内容要丰富多彩。选修课与必修课要兼顾，课堂和课外要兼顾，硬件与软件要兼顾。

(3) 实训教学的考核要纳入学期期末成绩中，实训教学要避免重形式、轻内容的弊病，平时还要注意加强对教师的培训。

(4) 构建实践教学质量的评价体系，每个环节都要有量化的测评。

我们意识到大学语文实训教学刚刚起步，尚不成熟，在全国高职院校中还没有完全普及。随着科技与教育的进步，大学语文作为高职院校中肩负人文素养教育使命的基础课程，在未来的实训教学方面一定会大有作为。

## 参考文献

[1] 郭俊朝. 中国高等职业教育发展的回顾与展望[J]. 中国高等教育，2008(2)：59-61.

[2] 赵卓. 大学语文实训性教学探索[J]. 语文教学通讯，2011(4)：8-12.

[3] 赵长慧，王进. 现实背景下的大学语文创新性教学策略[J]. 前沿，2014(1)：154-156.

[4] 阮红芳. 高校语文教学实践性思考[J]. 语文建设，2014(2)：3-4.

[5] 邹旗辉. 高职语文教学与专业相结合的“三性”分析[J]. 教育与职业，2013(12)：138-139.

# 随风潜入夜　润物细无声

## ——人文知识竞赛对提升高职生人文素养的有益尝试

中华女子学院思政部　苗伟东

**摘要**：推进高职院校人文素养教育对于培养符合社会主义市场经济需要的专业技术管理和服务人才具有现实的紧迫性与长远的必要性。当前，我国高职院校人文素养教育存在着理论宣传与教育实践脱节、职业道德教育的缺失与边缘化、技能培养与人文教育的失衡等诸多问题。要改变这一局面，需要多种途径与方法，其中高职院校人文知识竞赛活动对提升和发展高职学生的人文知识素养起着积极的促进作用。它已经成为高职院校人文教育的学习实践平台，营造人文气息和人文氛围的助推器，成为突破高职人文教育困境的先遣军。

**关键词**：高职；人文素养；人文知识竞赛

高职教育在培养社会主义市场经济所需专门的技术人才、管理人才和服务人才方面，在服务我国经济社会发展需要，推动我国经济技术发展方面，发挥了重要的不可替代的作用。当前，高职院校应该培养和造就什么样的职业技术人才，成为国家和高职院校重新思考与讨论的热门话题。

按照国家对于高等职业教育的总体部署和规划，建设现代职业教育体系，是今后一个时期职业教育工作的中心任务。到 2020 年，我国高等职业教育要形成适应经济发展方式转变、产业结构调整和社会发展要求，体现终身教育理念，中等和高等职业教育协调发展的现代职业教育体系。无论是构建终身职教体系，还是实现 21 世纪人才发展战略目标，抑或是培养新型高技能型人才，其核心都离不开人的发展。高等职业教育的核心和最终归宿就是为了人的发展，实现“以人为本”的人本发展。

对比高职教育发展现状，当前，我国的高职教育无论在宏观规划方面还是微观实施方面都存在不足和局限。高职院校在学生培养过程中长期形成的重视专业技术和技能的培养与训练，忽视对学生的职业人文素养的培养和训练，这样一手硬一手软的现象和问题，在一定程度上影响和制约了高职院校人才培养质量以及高职院校自身的发展壮大。具体表现如下。

## 一、当前我国高职院校人文教育的现状及其困境

### （一）理论宣传与教育实践脱节的矛盾

1995年，原国家教委召开加强大学生文化素质教育试点工作会议，会议指出，文化素质教育的根本目标是让学生学会正确地做人和做事，并强调并不是在方法、技术的层面上实现此目标，而是要体现在态度、精神、灵魂和品格上。这表明，我国高等教育开始从过分功利化的狭隘专业培养向教育自身回归，随后一批应用型高校和高职高专院校加入了大学生文化素质教育试点工作后，活动得到进一步的普及并出现多样化的发展形式。2005年，国务院在关于大力发展职业教育的决定中再一次明确指出，高职院校应该以培养数以亿计的高素质劳动者为办学宗旨。该决定说明国家对人文素养教育重要性的认知，并积极推出相关的政策和文件以推动高职人文教育的改革与发展。2006年，教育部颁发了《关于全面提高高等职业教育教学质量的若干意见》，明确指出要"培养学生的社会适应性，教育学生树立终身学习理念，提高学习能力，学会交流沟通和团队协作，培养德智体美全面发展的社会主义建设者和接班人"。这份规范高等职业教育的纲领性文件，把人文素养的培养放在了教育目标的首位，符合教育规律、时代要求和国家利益。

但是，在实际执行过程中，人文教育并未引起人们的足够重视。我国绝大多数的高职院校并未将人文素养教育系统地纳入整个教育教学体系中。人们对人文素养教育的理解也普遍存在着模糊化、形式化和简单化等问题。与专业课和实训课相比，人文教育类课时比重严重失衡，职业生涯规划与职业素养等还未形成完整的体系被纳入人文教育的课程规划之中，人文教育多流于形式，甚至一些高职院校的人文教育类课程设置仍处于空白状态，人文教育并未引起高职院校教师和学生的重视，专业教育与人文教育相分离的现象比较明显。由此造成的结果是，人文教育只是某些高职院校的"摆设"，并未在现实的教育中发挥其应有的作用和价值。相应地，用人单位和企业对高职学生的道德水平、职业素养等方面的认可程度普遍偏低，高职学生的人文素养水平有待进一步提高。

大量的事实表明，不管是国家、学校还是个体，要在职业教育中站稳脚跟，人文素养具有决定性的影响力。人文素养是一个人的为人之本、立世之基。因此，高职教育作为较高层次人才培养的一种类型，不仅要认识到人文教育的理论重要性，不能只是把人文教育看作可有可无的摆设，更应该在相关理论的指导下，结合自身发展实际，重视学生的人文教育，将人文教育纳入学校整体的教育教学

规划之中，给学生以复合型的知识和技能、完备的人格和人文修养、积极的创新精神和良好的职业行为习惯，以更好地满足社会的多层次、多元化的人才需要。

## （二）职业道德教育的缺失与边缘化

我国高职教育在数量与规模上取得了一定发展，但重技能培训、轻人文培养的教育模式使得高职教育过于工具性和功利性，忽视了学生的全面发展与可持续发展。目前，高职院校的毕业生就业形势严峻，就业市场竞争激烈。高职院校为在激烈的竞争中求得生存与发展，不断强化自身的职业技能优势，如强化学生的技能训练，不断加大技能课的比重，缩减人文教育课时比重，不断加强与社会相关部门及企业的联系，实行订单式培养等。这些措施一定程度上使高职教育获得一定发展，为高职院校的学生顺利就业赢得一席之地，不过也带来了很多负面影响：过分专注于技能的培训，社会和市场需要什么样的技能就培养什么技能，专业分工过于细化，导致人才结构窄化，使得高职教育逐渐功利化、工具化，高职教育失去应有的人文意蕴和涵养，高职院校人文教育普遍处于虚置化和边缘化状态。

目前，高职院校职业道德教育课程缺乏特色。在高职院校开设的有关职业道德教育的课程偏少，甚至有的学校并未单独开设职业道德教育课程，只是用在“马克思主义理论”和“思想道德修养”课程兼带职业道德教育的功能。这样做的结果是，高职院校职业道德教育课程缺乏特色和针对性，难以发挥职业道德教育应有的成效。现有的职业道德教育也存在注重理论的灌输，忽视与实践相结合的弊端。这直接造成了当前高职职业道德教育虚置于边缘化的现象。

## （三）技能培养与人文教育的失衡

当前，我国高职教育存在技能硬实力与文化软实力不相协调的问题。高职教育区别于普通高等教育的最大特征是其职业性与实践性，高职教育主要以培养面向生产、建设、管理、服务一线所需的高级技术应用型专门人才为目标。当前，我国正处于经济的转型与飞速发展时期，经济和社会的发展需要大批掌握较高技术含量，并能处理较复杂劳动的高技能型人才，高职教育正是抓住市场需要的契机，着力于高职学生职业技能的培养与训练。在国家大力发展职业教育的政策推动下，我国高职教育得到快速发展，各校加大了专业建设的力度，教学硬件设施得以完善，学校也较重视学生的实习与实训场所的建设，教学硬实力建设已经形成一定的规模，学生的职业技能得到显著增强。然而，在技术至上以及功利主义思想的影响下，高职院校不同程度地存在着忽视学生内在人文素养的学习和训练的问题。学校无论在硬件设施投入，师资力量配备还是教育培训上，人文教育力量薄弱失衡。这种人文教育薄弱的状况直接影响和制约了高职院校的提升与发展,成为高职院校健康协调发展的瓶颈。

高职教育如果仅仅把学生培养成一个个将工作视为谋生的手段,对自己的本职工作和所从事的职业缺乏责任感的人,那么高职教育造就的只能是现代文明时期流水线上缺乏魂灵的机器人。这样的人才即使技术再熟练,业务再精通,也会由于其缺乏对善与美的鉴赏与追求而变得落落寡合,不合于他人,不合于集体,不合于社会。这种人才最终也难以获得进步与发展的动力和目标,也就不可能成为真正的人才。

1999 年,联合国教科文组织在第二届国际技术与职业教育大会指出:“21 世纪对人的素质要求在变化,不仅是知识、技能水平的提高,更重要的是能应变、生存、发展。”目前,一些高职院校将学校视为就业训练营,无形中将做事与做人割裂开来,过分强调专业知识的训练与养成,而忽视人文精神的培养,长此以往,势必导致高职学生人文精神的失落。

## 二、人文知识竞赛是有效突破高职教育困境的有益尝试

面对高职人文素养教育存在的种种问题与困境,如何改变这种现象和状况成为亟待解决的重要问题。在这一问题上,仁者见仁,智者见智,提出了很多有益的解决思路和途径。笔者通过组织高职学生参加北京市大学生(高职组)人文知识竞赛的实践教学,谈谈人文知识竞赛在促进和提升学生人文素养与人文精神方面的作用和效果。

参加北京市大学生(高职组)人文知识竞赛活动的实践证明,人文知识竞赛已经成为人文教育的学习实践平台,成为学校营造人文气息和人文氛围的助推器,成为突破高职人文教育困境的先遣军。

### (一)人文知识竞赛成为人文教育的学习实践的有效平台

“人文”一词最早出现在《易经》中,“刚柔交错,天文也。文明以止,人文也。观乎天文,以察时变;观乎人文,以化成天下。”现代人文观念源于欧洲文艺复兴时期。文艺复兴提倡的“人本主义”观念,一方面是指人类文明的熏陶;另一方面是指个人作为人应有的尊严与价值。这一概念经过后来启蒙运动的升华,发展成为今天具有现代意义的人文理念,具体含义包括人人珍视人的价值与尊严、独立的思考与判断、全面发展的自我追求以及自我追问的终极关怀。

由此我们可以看到,高职人文教育不仅仅是学生人文知识传授和学习数量的多少,更为关键的是学生将所学人文理念、思想内化于心,外化于行的自觉意

识和自觉行动。而要真正做到这些，就要寻找能够激发学生人文知识学习和人文素养养成的热情与积极性的切入点，使人文知识的学习和实践成为学生的内在动力。经过多年实践证明，大学生人文知识竞赛是提升学生人文知识学习与实践热情的行之有效的好手段、好方法。

一年一度的人文知识竞赛活动，从海报宣传、讲座号召，到学校海选，再到北京市预赛、决赛，无论是活动的持续时间、活动参与的师生人数，还是活动的实际效果都是规模空前、影响深远的。人文知识竞赛活动得到了学生们的支持与欢迎。经过学校及各个院系的支持和鼓动，参加人文知识竞赛的学生占到了学生总数的30%以上，个别年级(如大学一年级)几乎百分之百的学生都参加了人文知识竞赛活动。经过参与人文知识竞赛，学生对人文知识学习和实践的热情被极大地激发出来。学生们为能在比赛中脱颖而出，自由组队、认真读书、激烈讨论、积极策划、热情排练，不辞劳苦地为做好每一个环节、弄懂每一个知识点，矫正每一个动作付出忙碌，无怨无悔。

人文知识竞赛的过程，也是学生们人文知识及人文素养不断提升的过程，正如参加比赛的学生所言：“通过参加比赛，才发现自己所具有的人文底蕴，才品味到中华人文之妙趣，自己也更加热爱学习人文知识了。”

正是通过人文知识竞赛，学生重新认识了人文学习的意义，也激发了学习人文知识的热情与兴趣。将其与学校的人文课堂学习相互配合，把学生引入了人文知识璀璨的殿堂之中。

### （二）人文知识竞赛活动成为学校营造浓厚人文气息和人文氛围的助推器

浓厚的校园人文气息是一所学校赖以生存和发展的重要根基与不竭动力，是学校的精神和灵魂，是学校办学理念、办学特色和办学品位的具体体现。校园文化具有强大的感召力、向心力和渗透力，它能调节和激励师生的思想行为，起到陶冶情操、净化心灵的作用。它能培养和激发师生的团队精神与合作意识，能促进师生的自我约束、自我管理和自我完善，能促进学生综合素质和能力的自我提高。从某种意义上说，校园人文气息是一所学校未来核心竞争力之一。

人文知识竞赛活动在营造我校浓厚向上的校园人文气息上发挥了生力军的作用。我校在参加人文知识竞赛活动之初，热爱国学的同学就自发组织了多个学生社团，来激发和推动校园人文教育活动开展。如学生组织建立的国学社，经常通过经典阅读、名家讲座、清明踏春、中秋怀古等形式调动同学们学国学、爱国学的积极性。每次活动，响应参与的同学都很多，报名参加国学社社团的同学也很多，国学社组织和活动的影响力也越来越大，2014 年还被学校评为校园最具影响力的十佳校园学生社团。再如，喜爱国学的同学自发组织成立了汉服社。该学生社团以"承继汉学精神，弘扬民族文化"为口号，组织开展了很多有意义的人文活动，如汉服文化展演、诗歌朗诵会、谜语灯会等。这些活动形式新颖，内容丰富，调动和吸引了许多学生积极参与进来。此外，学生们还将传统的国学与现代的科技文化相融合，创办了动漫学社、天文学社等学生社团。这些学生社团，成为吸引和凝聚国学爱好者的平台，也成为活跃校园文化，弘扬国学传统的舞台。它在营造校园浓厚的人文气息，塑造昂扬向上的新时代高职生方面发挥了不可替代的积极作用，成为推动校园人文素养培育的生力军。

### （三）人文知识竞赛活动具有突破高职院校人文教育困境的示范效应

如前所述，当前高职院校人文教育存在诸多现实困境和问题。破除这些问题和困境，需要做的工作固然很多，开展人文知识竞赛实践活动是突破高职院校人文教育困境的一个有效途径，具有一定的示范效应。首先，人文知识竞赛活动拓展了学校人文教育活动的形式和空间。人文知识竞赛活动的开展，极大地激发了学生学习人文、热爱人文的积极性，在校园中形成了以赛促学，以学助赛的良性循环。这也给高职院校的人文教育一个有益的启示，学院人文知识传授和学生人文素养的养成，可以有多种形式、多种途径，更重要的是要融入实践、融入生活，情境化、时代化。学生人文知识的学习状态由教师牵着走，转变为教师指导自己跑。学生凭借个人的兴趣和特长，在人文知识的海洋里自由泛舟，各取所需，最后达到学有所获的积极效果。这种学习方式具有投入人力少、实际效果好、持续时间长的优点。同时，学生源自内心的人文情愫一旦被激发出来，也容易形成持久的学习动力，实现学中干、干中学的终身学习目标。

其次，人文知识竞赛活动也可以发挥短、平、快的实际效应，学校在北京市人文知识竞赛中获得的佳绩，也容易赢得学校相关部门和领导的重视与关注，这在一定程度上也可以为突破学校人文教育的现实困境起到一定的积极作用。

# 知识竞赛与大学学习氛围营造的关系
## ——以高职院校为例

北京城市学院　周宇

**摘要**：目前，高校的学风问题，尤其是部分高职院校的学风问题一直受到人们的普遍关注。据此，应采取有效措施，加强引导，有针对性地做好各方面工作，共同营造良好的大学学习氛围。如何有效地营造大学学习氛围？本文作者认为，知识竞赛是充分发挥大学生的积极性和首创精神的有效形式，是提高学习效率的重要途径，也是加强精神文明建设的有效方法。同时，竞赛活动对人有激励作用，能够使人始终保持在兴奋状态，充分调动人的积极性。[①] 本文分析了高职院校大学生学习氛围的现状、学习特点及知识竞赛的作用，提出了可以通过知识竞赛的形式来营造大学学习氛围的观点。

**关键词**：学习氛围；现状特点；知识竞赛

目前，高校不少学生出现上课无精打采、做与课程无关的事情、睡觉，甚至逃课，对学习提不起兴趣的情况。这些情况在部分高职院校学生中更加严重。如何才能调动学生的学习兴趣，是值得教育工作者思考的重要问题。通过比赛的形式，尤其是知识竞赛，提高大学生学习兴趣，营造学习氛围，是值得关注与研究的。

## 一、大学学习氛围缺失原因

### （一）学生专业基础薄弱

高职院校由于生源质量普遍较差，学生的基础差、底子薄，自学能力较差，专业学习能力跟不上，一定程度上造成学生学习困难。学生在克服困难的学习过程中，由于能力的欠缺，随着学习难度的加大，专业学习也就渐渐跟不上；加上大

① 王春柳.高职院校学风建设调查分析与对策思考[J].职业教育研究，2016(6)：14-17.

学教育的开放性，大学生的学习几乎全凭自觉，大学生活本身的丰富多彩，使学生注意力转移，更多的时间投入课外活动中，最终也就导致了学习兴趣的丧失。

### （二）学习无助感

考入高职院校的大学生，他们在学习上的努力，通常达不到明显的学习效果，挫败感不断积累，在学习中很难体会到快乐，体验不到成功，在心理上渐渐形成学习无助感，自然也就失去了学习动机。[①]

### （三）缺乏有效的激励系统

高职院校大学生在学习上的失利，增加了家长、教师、同学的负面评价，批评多于鼓励，学业中缺乏实质性的有效帮助，处在困惑中的学生寻找不到一个有效的激励系统，在学生自主探索改善学习成绩仍无效的情况下，最终容易从心里放弃学习，间接导致学习动机缺失。学生的潜能、优势被传统的评价掩盖了起来，并慢慢地消失了。

### （四）意志品质薄弱

学习是对意志品质考验的过程，不少大学生不愿意吃苦，怕累、怕磨砺。高职院校的大学生一般自我控制能力较差，毅力弱化。而大学又是自主学习的主要过程，因此，意志力薄弱，是大部分高职院校大学生学业失败的最主观原因，也是大部分高职院校学习氛围不浓重的主要原因之一。

## 二、知识竞赛对提升学习氛围的作用

多种形式的知识竞赛是培养学生学习兴趣和提高学习效率的有效方法。

### （一）知识竞赛能提高学生的学习兴趣

在学习的过程中，兴趣对学生的学习活动将产生巨大的推动作用。当学生对学习产生兴趣时，将会充分发挥他们学习的积极性和主动性。因此，兴趣在教学中有着不可低估的作用。知识竞赛是激发学生学习兴趣的有效手段之一，美国心理学家索里和特尔福德认为，“当竞争是在能力相当的各组之间进行，既要求合作，又要求竞争时，或者每个人都努力超过他自己以前的成绩时，竞争似乎

① 戴春平．高职院校学风建设存在的问题、原因和对策[J]．职教与成教，2012．

最为有效。"[①]知识竞赛使学生在接受知识的过程中能产生满足感和成就感，让学习成为一种乐趣。竞赛是一个马上就能获得评价的活动，在竞赛的过程中，学生就能感觉到知识是有用的。对于获胜的学生，他们体验到了成功的喜悦，他们将怀着更高的激情投入今后的学习中。对于落后的学生，他们感受到胜利的同学身上洋溢的光彩，为了在以后的竞赛中获胜，他们也会在今后的学习中更加努力。

### （二）知识竞赛能培养学生的自学能力和思维能力

当今社会，具备和培养创造性思维能力是一种必然的要求，也是学校教学的重要任务，是实施素质教育的主要途径。知识竞赛是很有成效的一种方法。学生能在知识竞赛中开阔眼界，拓宽知识面。紧张的竞争氛围能使同学之间相互讨论时思维更加活跃，同时还可以在竞赛中学习到一些科学思维方法，广泛、有效地积累新的知识。

### （三）知识竞赛能培养学生良好的心理素质

学生的培养，不仅要使他们掌握更多的知识，具备学习的能力，更要重视心理素质的教育，具有良好的心理素质比有丰富的知识更重要。竞赛可以使学生具有较强的承受挫折的能力。由于竞赛总是有胜有败，及时做好学生的思想工作，分析失败的原因，不仅有助于学生知识的积累，还可以使学生具有良好的心理素质。同时，竞赛辅导也丰富了教师的知识积累，更重要的是增强了教师自身的创新意识和创新实力，对于学生的培养有着连带性的积极作用。

### （四）知识竞赛能培养学生的表达能力

语言表达能力是学生学习应具备的一种基本能力。在知识竞赛中，现场问答能够给学生一个自由展示自己的机会。知识竞赛能够引导学生讨论、发言，允许存在不同见解，甚至可以开展辩论赛等多种形式，让学生多看、多听、多练，给学生提供一个增强语言表达能力的机会。知识竞赛不仅能够丰富学生的校园生活，更重要的是培养了学生学习的兴趣，营造了浓厚的学习氛围，引导学生积极、主动地参与活动，为学生更好地学习搭建良好的平台。

---

① 刘建康.组织学习知识竞赛对调动学生学习积极性的作用[J].2008.

## 三、指导教师如何通过知识竞赛提升学习氛围

### （一）选择恰当书目，激发求知欲望

选择知识竞赛所用书目是竞赛的前期工作，也是竞赛活动的基础工作。作为此项活动的指导教师，在书目的选择上一定要高度重视。枯燥、晦涩的书籍不能激起学生的读书欲望，选择一些与比赛有关的新书籍、新知识以及日常生活中与此有关的饶有趣味的话题，会使备赛的效果更好。① 同时，和竞赛内容契合度高又有趣的参考书目可以使学生在准备的过程中建立起强烈的信心与学习的欲望。

### （二）不轻言放弃，保护参赛热情

知识竞赛是一个长时间的拉锯战，是一个充满着困难与挑战的过程，它可以帮助学生增长智慧，增强口头表达能力，还可以培养良好的心理素质。学生在备赛的过程中将付出很多艰辛的努力，需要给予承认和肯定，因此，应随时给予鼓励和赞扬，不轻言放弃每一道题，不轻言放弃每一个学生，尽量使人人都能够答题，个个都能够得分，充分保护他们的参赛热情，以激发学生的学习欲望。

### （三）设置循序渐进的赛前培训，逐步建立自信

在知识竞赛的赛前培训中，制订详细的培训计划，循序渐进，学生能够看得到自己的学习成果，一步一个脚印，一步步让学生树立起学习的自信心，使他们能够保持持之以恒的努力，不断培养学生的兴趣。通过阶段性测试，学生对自己所学知识的认知得到提升，对自己所学专业有了深入了解之后，从而对自己充满信心，参加知识竞赛。同时，在准备竞赛的过程中，能促使其学会与其他高校学生加强交流的方式，间接拓宽学习途径，进一步营造学习氛围。

### （四）及时总结比赛经验，建立长期学习计划

在比赛前期的准备阶段，可能很多学生仍然是等着教师带领，习惯性地填鸭式学习。知识竞赛的备赛过程着重于培养学生的自学能力，随着自学能力一步步的提高，学生学会利用所学知识去解决实际问题，遇到难题时懂得如何去寻求知识的帮助，懂得如何看书，解决问题，学生在非专业素质上也会有很大的提升。

---

① 刘威.科技竞赛对大学生创新思维发展积极作用的研究[J].科学技术哲学，2013.

因此，在知识竞赛结束之后，无论成败，都应当让参与的学生及时总结、分享经验，让他们将自身的进步分享传播出去，使其他学生也看到他们的进步，起到积极影响的作用。另外，学校应该趁热打铁，为学生制订长期的学习计划，使他们将备赛过程的坚持努力与科学方法进一步放大到整个大学的学习生活当中，为整体、系统的专业学习提供良好的氛围保障。这种学习的氛围会在无形当中影响每一个人，最终会影响整个学校，使整个学校的学风有一个良好的走向，提高在校学生的学习兴趣。

## 结语

大学素质教育的目的是调动大学生的学习积极性、主动性，即培养学生的学习兴趣。学生学习是否积极、主动，很大程度上取决于学校的学习氛围，学生所在集体的大环境将潜移默化地影响到集体当中的每一个人。提高大学学习氛围的方法可能有很多，其中，知识竞赛可以激发大学生学习的积极性，对大学生的学习影响极大，对营造整个校园的学习氛围，起着不可估量的作用。

## 参考文献

[1] 王春柳.高职院校学风建设调查分析与对策思考[J].职业教育研究，2016(6)：14-17.
[2] 戴春平.高职院校学风建设存在的问题、原因和对策[J].职教与成教，2012.
[3] 刘建康.组织学习知识竞赛对调动学生学习积极性的作用[J].2008.
[4] 刘威.科技竞赛对大学生创新思维发展积极作用的研究[J].科学技术哲学，2013.

# 经验总结篇

# 方兴未艾竞芳华

## ——北京财贸职业学院人文知识竞赛总结

北京财贸职业学院　朱淑华

在国家“深化教育改革全面推进素质教育”的精神指导下，北京财贸职业学院结合北京市人文知识竞赛举办的目的，是“吸引、鼓励广大学生增强学习人文知识（文、史、哲、艺以及必要的自然科学基础），阅读人文经典的兴趣与积极性，提高大学生文化素养，促进文理交融，强化大学生传承与创新文化的使命意识，为大学生的成才奠定更为宽厚的基础”。校级人文知识竞赛每年举办一次，并将竞赛纳入学校“三位一体”的人文素养教育模式中全面统筹，进行设计。竞赛由基础教学部主办，于每学年秋季学期面向全院同学举行。

校级人文知识竞赛本着“观乎人文，以化成天下”的宗旨，以营造校园人文氛围为目的，以读书为契机，以“知识—能力—素质”为导向，将初赛笔试基础知识与决赛风采展示相结合，多方位地鼓励学生将人文知识的学习转化为内在素质。

屈指算来，人文知识竞赛已经走过了六年。六年的时间对于一个活动来说不算太长，但也不短。在这六年里，学院人文竞赛由出生一步步走向成熟，留给我们一段段精彩的回忆。翻阅往届竞赛的资料，看着工作人员与参赛选手中一个个熟悉的名字，不免心生感慨。回顾人文竞赛的六年，从组织形式上看，已渐趋成熟。赛事的先期规划、宣传与现场布置、组织与文档管理，都已具有成型的机制，而选手和观众交流的具体模式还处在不断探索的阶段。对竞赛各项安排的具体总结如下。

## 一、活动意义

竞赛重在考查参赛者的人文基础知识、文化素养和创新精神，不仅能提高学生之间的交流与合作，彰显大学生的社会参与感，更有利于提高大学生的人文素养，提升大学生的文化品位，培养大学生的文化自觉与创新精神。

## 二、开展过程

（1）前期宣传，利用学院网站、广播、校园展板、微博、微信等多种传播方式积极宣传人文知识竞赛的报名信息。

（2）对报名的学生进行分组，通过笔试与演绎题的考查进行选拔。

（3）组成团队代表学校参加北京市人文知识竞赛。

（4）做好对外宣传和资料保存工作。

## 三、取得成果

2014 年 12 月，学院选拔出的参赛团队在北京市人文知识竞赛中获得优异成绩。本次比赛的选拔赛以团队协作、笔试作答的形式进行，比赛秩序良好，学习气氛浓烈。决赛部分分为必答题、抢答题、演绎题。在比赛现场，北京财贸职业学院代表队充分表现出了他们的团结与睿智，最终凭借突出的表现获得一等奖的好成绩。这已经是学院第六次获此殊荣。

## 四、学生反响

（1）在选拔赛中，学生们认识到自己知识构建的“短板”，从而进行有针对性的知识扩充。

（2）全面检验了学生知识建构、记忆和团队协作能力，同时检验了其组织协调能力和创新能力。

（3）经过比赛，学生们看到了自身和其他学校学生的差距，对将来的学习起到了良好的促进作用。

## 五、特色

（1）比赛涉及的知识面相当广泛，中外结合、古今亨通，让学生们有更广阔的视野。

（2）演绎环节，设置情境，让学生自编自导话剧或小品，充分锻炼了学生的团队协作能力和创新能力。

## 六、未来发展

(1) 人文知识竞赛让学生认知自己,懂得学习。人文知识竞赛给了学生一个挑战自我的平台,使学生们在学习的过程中对历史知识、文学艺术有了更多的了解。尤其是在演绎题这项内容上,给了学生展示自我的机会,通过表演话剧等,使学生对历史上的人物背景有了更多、更加深刻的了解。

(2) 人文知识竞赛与生活息息相关,影响着学生的一言一行,要不断提高学生的文化素质、道德素质,让他们做一个有理想、有道德、有文化、有纪律的四有公民,在了解历史古籍的同时,要结合实际,对未来充满信心。

(3) 人文知识竞赛已经逐渐开展成为全校性活动,由不同专业、不同知识结构的同学参与比赛。覆盖面广,参与度高,受益群体大。

人文知识竞赛走到今天,已经不仅仅是一项赛事,因其与广大同学的兴趣结合,深入同学中间,为学院的人文特色增添了浓重的一笔,所以人文知识竞赛已经成为学生自己的人文传统,一个自己的人文节日。它不仅为同学们提供了展示人文风采的舞台,更让我们在这场人文盛会中感受到那些历史沉淀下来的震慑心灵的力量。六年风雨,人文的点滴历历在目,更化作甘甜的雨露流入每个财贸人的心间。

财贸人文,方兴而未艾。

# 感悟人文精神　提升文学素养

## ——北京信息职业技术学院人文素养教育工作总结

北京信息职业技术学院　孙璐

北京信息职业技术学院高度重视大学生综合素质培养工作。长期以来，学院基于“GPTC人才培养模式”(General Plaform Technology Center)开展了卓有成效的学生素质教育活动。为了吸引、鼓励广大学生增强学习人文知识(文、史、哲、艺以及必要的自然科学基础)、阅读人文经典的兴趣与积极性，学院依托北京市大学生人文知识竞赛这个平台，以赛促学、以赛促教，不断加强体制机制建设，以提高大学生的文学素养、促进文理交融、强化大学生传承与创新文化的使命意识为主旨，积极开展教育教学研究，拓展多种途径，为大学生的成长、成才奠定更为宽厚的基础。

依据《北京信息职业技术学院通用平台素质教育方案》(以下简称《教育方案》)，由学院通用能力教学部牵头，联合团委、学工部及各教学系，以《教育方案》为基础，加强谋篇布局，构建人文素养综合教育体系。

## 一、加强课程体系建设，发挥课堂教学的主渠道作用

人文素养教育的开展有助于学生思考人生目标，正确认知自我，明确自我的发展方向，合理规划职业发展方向；有利于培养学生正确的世界观、人生观、价值观，养成良好的道德品质，成为身心健康、有理想追求、尊重他人、关心社会的有用之才。

我院高职教育课程体系的基本要求为建设GPTC课程模式，通过搭建“通用平台GP”实施素质教育与通用能力的培养，通过建设“技术中心TC”实施专业技能训练与职业能力培养。我们的人文素养教育主要是通过“通用平台GP”的建设，贯穿整个高职教育过程，实现对学生的思想品德教育、人文精神熏陶、思维能力培养、沟通合作训练、身心健康教育、职业素养形成等教育功能。

截至目前，学院基本上构建、完善了具有我院特色的人文素养教育课程体系，包括职业沟通“科学思维能力训练”“心理健康教育”“职业生涯准备”和思想

政治教育类等必修课程，同时也开设了基于学生兴趣爱好的丰富学生人文知识的课程，包括中国传统文化、应用文写作、社交礼仪、心理健康知识等，以及既丰富人文素养教育内涵，又有利于培养学生综合素质的大学语文、中国经典名著赏析、中国传统文化——论语、中华诗词赏析、中国通史、公共关系、社交礼仪和音乐作品欣赏等若干门选修课程。这些课程的开设在培养和提高学生的沟通能力，维护学生心理健康，培养学生的科学思维能力、爱国情操和道德品质、文学修养等人文素养方面发挥了重要作用。通过课堂教学的形式使学生接受必要的人文素养教育，让学生重视人文素养教育，自觉地提高自己的人文知识水平、道德情操，维护自己的心理健康，为成为合格的职业人打下良好的基础。

## 二、依托学生社团，积极开展第二课堂活动

学生社团是由具有共同志趣的同学自愿组织的、相对独立地开展活动的群众团体，是学生自我塑造、自我管理、自我服务的有效形式，是学校教育的有机组成部分，是校园文化的重要内容。学院现有人文素养教育类学生社团十余个，如读书沙龙社团、朝露诗社、马列社团、政治文学社、国旗宣讲社、青春红丝带、光影传媒社团等。

近年来，学生社团在学院支持和教师指导下，发挥主观能动性，积极开展自我学习、自我教育，在学生素质教育领域取得了较大进步和突出成绩。如光影传媒社团以“美丽北京、节能减排”为主题拍摄的微电影获得北京市挑战杯——彩虹人生银奖2个，铜奖6个；热情话剧社在2010年8月自编话剧《寻找》(见图1)获得全国“金刺猬”大学生戏剧节“最佳剧目奖”，并在北京市朝阳剧场进行了两天的对外售票公开演出；读书沙龙社团携带原创诗朗诵参加北京市大学生艺术

图1　原创话剧《寻找》剧照

节活动，取得了市级二等奖，同时还连续2年参加了北京市纪念五四运动活动文艺展演（见图2）；酷玩音乐社团在2012年12月获得由中国网络电视台和北京市国际教育交流中心联合举办的2012年CCTV网络春晚“进高校 选达人”暨北京高校原创歌曲大赛“最具人气奖”；魔幻奇缘社团在2011年开展的“第三届欢乐谷国际魔术比赛全明星邀请赛”中获得“最佳创意奖”。

图2　原创诗朗诵《五四畅想》剧照

读书沙龙、朝露诗社等社团积极开展人文素养培养活动：学生原创、阅读推广活动、名著解读、“世界读书日”活动、传统文化节日内涵解读，参加《百家讲坛》节目录制，组织辩论赛等。诗社同学们在一起练习古体诗、现代诗词写作，同时精研中国文化知识、北京地域文化、民俗，学习诗词的鉴赏以及配乐诗歌的诵读。

学生社团活动是学生自我教育和同学间互相教育的良好形式。这种形式，有助于充分调动学生的主动性、积极性，培养其自主精神、独立品格，使其在活动中不断地认识自己、把握自己、发展自己，从而得到全面的考验和锻炼，得到深刻的启迪和教育。同时，通过优秀社团的展演，可以提升社团在学生中的影响力，督促社团不断创新活动内容，不断提升活动品位。希望通过对重点社团的扶持，鼓励其余社团不断壮大发展，起到以点带面、促进我院社团良性发展的作用。

## 三、搭建竞赛平台，以点带面，普及人文知识

### （一）学院开展人文竞赛概况

根据北京市教委《关于印发北京市大学生学科竞赛管理办法的通知》（京教高办〔2008〕2号），为了营造学院人文气氛，提高学生的人文素养，提升学院的文化品位，培养学生的文化自觉与创新精神，学院目前通过体制机制建设，逐步形成了校内和校外两个层面的大学生人文知识竞赛体系，同时也建立健全了保障

机制。

通用能力发展中心从2010年开始负责全院的人文知识竞赛相关活动，每年举办北京信息职业技术学院人文知识竞赛，至今已经连续举办五届。通过竞赛，营造了学院的人文气氛，激发了学生学习人文知识、提高人文素养的热情，为参加北京市人文知识竞赛选拔了参赛选手，为今后继续举办学院人文知识竞赛相关活动奠定了基础。2010年至今，规模和影响力不断扩大。

为了更好地开展竞赛活动，每一届人文知识竞赛都有新的探索、新的经验，每一届人文知识竞赛都对学生人文素养的提高起到了积极的促进作用。在整个过程中，人文竞赛相关资源建设也在逐步加强，除了硬件建设外，文件建设、题库建设、竞赛讲座资料建设等都得到了发展。

学院组队参加了2010年至2014年五届北京市大学生人文知识竞赛，取得了三次二等奖，两次三等奖的成绩。作为工科高职院校，不断提升学生的人文素养，是我们的教育使命之一。我们将不断向兄弟院校学习，努力提升我们的工作水平。

我们以竞赛为导向，以赛促学、以赛促教，吸引、鼓励了广大学生学习人文知识、阅读人文经典的兴趣与积极性，提高了大学生的文化素养，促进了文理交融，强化了大学生传承与创新文化的使命意识，为大学生的成才奠定了更为宽厚的基础。

## （二）校级竞赛组织情况

### 1. 校级竞赛概况

校级人文知识竞赛（图3为校级初赛选拔笔试现场）旨在提高学生的人文素养和自学能力，提升学生的基础文化水平，为学生的进一步发展提供平台，对学生职业能力和团队合作能力也有促进作用。校级竞赛以遴选北京市人文知识竞赛选手为主要目的，内容主要包括文、史、哲基础知识，传统文化经典阅读，必要

图3　校级初赛选拔笔试现场

的艺术修养，科学史与自然科学常识，北京历史文化常识等，考核面广，有一定难度。竞赛要求学生的知识积累比较雄厚，阅读量较大，并具有一定的文字表达功底。

（1）**竞赛规模不断扩大**。校级竞赛至今举办五届，从 2010 年至今随着竞赛的宣传力度和影响力，竞赛得到了全院教学系部的大力支持，竞赛规模也在不断扩大，从分校区进行到全院三校区统一进行，学生的人文素养不断得到提升，参赛选手逐年增多，影响力和规模不断扩大。

（2）**组织水平进一步提高**。为确保竞赛顺利进行，校级竞赛由东区通用能力发展教学部主办，在院级领导及各教学系部的大力支持下，历年的校级竞赛都成立了组委会，竞赛前召开准备工作会议、下发竞赛预通知、制订竞赛方案等，使得竞赛安排有序、组织严密、评判科学、结果公正，竞赛组织水平有了新提高。

（3）**宣传深入细致，表彰力度空前**。竞赛的目的在于提高学生的人文素养，提升大学生的文化品位，培养学生的文化自觉与创新精神，拓宽大学生的知识视野，提高学生的文化素质，增强学生阅读人文经典的自觉性。为此，组委会通过学院的网络平台、竞赛现场、奖品发放等形式，对竞赛进行深入系统的宣传，充分发挥竞赛的导向作用。

**2. 校内竞赛感悟**

（1）同各系部的紧密联系是比赛得以顺利开展的有效保证

在校内竞赛阶段，组委会人员紧密团结，同各系部积极沟通，以寻找身边对人文知识保有浓厚兴趣的学生。尤其是通用能力教学部的孙璐主任、乌凤山副主任总是在最需要的时候为大家排忧解难，在人力、物力、财力上给予竞赛最大的支持。

（2）指导到位、书单合适是学生人文知识迅速提升的催化剂

虽然内因起决定作用，浓厚的学习兴趣是学生自我提高的关键，但是良好的阅读计划也能起到事半功倍的效果。在校内初赛之后，在人文素养教研室教师们的认真研究和精心准备下，我们给学生开出了提升人文素养、应对北京市竞赛的学习书单，并提供相应的书本供学生借阅。

（3）多样化的推荐方式是让竞赛不断注入新鲜血液的有效途径

在这期竞赛中，我们主要采用系部推荐的方式来遴选参赛学生，在系部教师的配合下，寻找到了一些对人文知识保有浓厚兴趣的学生，但是还可能有一些羞于表达、内心厚重的学生与我们的竞赛失之交臂。因此在以后的竞赛中，我们可以在系部推荐的基础上采用多种形式推荐参赛学生，比如，任课教师推荐、学生社团推荐等。

## （三）市级竞赛参赛情况

### 1. 市级竞赛概况

北京市大学生人文知识竞赛是市教委主办的面向全市大学生的人文竞赛活动，目的在于提高大学生的人文素养，提升大学生的文化品位，培养大学生的文化自觉与创新精神。竞赛旨在拓宽大学生的知识视野，提高大学生的文化素质，增强大学生阅读人文经典的自觉性。文化素质的基础是人文知识，主要包括文、史、哲的基础知识，以及必要的文化经典解读能力和实践运用能力，艺术修养和自然科学的基本素养。竞赛重在考查参赛者的人文基础知识、文化素养和创新精神。图 4～图 6 为我院参加市级竞赛的部分照片。

图 4　2011 年市赛初赛合影

图 5　市级竞赛人文演绎剧照

图 6　2014 年市赛初赛选手合影

**2. 通过市级竞赛看得失**

在 2010 年至 2014 年五届北京市人文知识竞赛中，我院学生都能在初赛阶段以优异的成绩顺利进入决赛。参加北京市人文知识竞赛决赛，我们有以下两点体会。

（1）实力永远是硬道理，但信心也是竞赛成功的助力。既要指导学生提高人文素养，也要鼓励学生保持自信

在北京市初赛中，我院的学生胸有成竹，在考试现场个个奋笔疾书，发挥出了自己最好的水平。但在决赛中，在现场答题环节就显得不那么自信，屡屡在简单问题上失误，赛后我们对竞赛中出现的问题进行了分析，在以后的工作中将结合教学、第二课堂等形式渗透人文知识、拓宽学生的视野、提升学生的人文素养，同时也要注重赛前指导和对参赛队员的心理疏导，争取在今后的竞赛中不再出现同样的问题，取得更好的成绩。

（2）考证的价值不容忽视

在信息发达的今天，考证的价值不容忽视。在决赛阶段的人文演绎环节中，我们总结往年经验，各种古典内容的现代演绎和现代内容的溯古寻根是演绎的精髓所在；如 2013 年评委点评中解释“演绎”时，强调的是一种经典的演绎。当时我们创作理念的背道而驰在很大程度上对演绎环节的表现带来了不利影响，失利的同时也给我们带来了启示。在今后的竞赛中，要充分利用现代数据信息，在知识领域的横向与纵向间平衡定题、选材演绎经典。

## 四、对今后的人文知识竞赛有以下几点建议

（1）加大资金及人力投入力度，从整体上提升全院学生的人文素养。

（2）多引进、培养历史、文学、文化等人文美育类的教师，加强指导教师师资队伍力量，吸纳音乐、美术专业教师进入指导教师团队。

（3）依托素质教育基地让学生"走出去"，使其更全面接触文化、感受人文、提升素质。

中国优秀传统思想文化体现着中华民族世世代代在生产生活中形成和传承的世界观、人生观、价值观、审美观等，其中最核心的内容已经成为中华民族最基本的文化基因，是中华民族和中国人民在修齐治平、遵时守位、知常达变、开物成务、建功立业过程中逐渐形成的有别于其他民族的独特标识。

传承并弘扬中华民族优秀的传统文化，让社会主义核心价值观深入每一位公民骨髓，并转化为自觉的行为习惯，是一项大工程，"路漫漫其修远兮"。竞赛只是手段，让我们的学生对我们民族优秀的传统文化博学之、笃行之，"明明德，亲民，止于至善"，才是推行人文竞赛的落脚点，才是历史赋予当代大学教师及学生的使命与责任。

# 北京培黎职业学院人文知识竞赛总结

北京培黎职业学院　秦薇

第六届北京市大学生人文知识竞赛已经落下了帷幕，回顾这几年我院参加人文知识竞赛所走过的曲折之路，其中的酸、甜、苦、辣和喜、怒、哀、乐都令人难忘，总结以往的经验教训，以待我们来日获得更好成绩。

## 一、参赛与收获

### （一）学院各级领导的鼎力支持与帮助是参赛的先决条件

学院领导对北京市大学生人文知识竞赛非常重视，我们参赛小组在准备和比赛期间始终得到学院各级领导的积极指导、鼓励和帮助。学院在资金极为紧张的情况下，专门为参赛拨款租赁服装、派车接送、提供训练场地，为我院参加人文知识竞赛的师生保驾护航；学院领导抽出时间到考试和排练现场进行指导并给参赛师生以鼓励。所以说，学院各级领导的鼎力支持与帮助是参赛的先决条件。

### （二）通过参赛，使我们的思想认识不断提高

几年的参赛经历和学习提高，使我们认识到优秀传统文化蕴含着丰富的思想资源和强大的精神力量，在高职育人过程中发挥着其他学科不可替代的作用。人文知识竞赛目的在于传承和发扬中华民族优秀文化传统，提高大学生的人文素养，提升大学生的文化品位，培养大学生的文化自觉与创新精神。通过参赛，我们的思想认知不断提高。

### （三）成绩的取得得益于精益求精的不懈努力

我院从 2014 年 9 月开学之初，就开始筹划组织准备参赛工作，先是全院总动员，有来自校内各系的近 200 名选手报名参加。再到各班推荐，组织全院范围选拔考试、面试，对两个参赛组进行辅导、积极备战、反复排练，最后参加初赛、决赛。在组织准备和比赛的这四个多月的时间里，指导教师针对参赛项目——人

文知识笔试内容、现场答题和人文演绎进行了集中、系统的培训。一方面，利用课余时间查阅相关书籍、资料，不断丰富人文知识内容；另一方面，通过历年竞赛资料、照片、视频等，从实训方面强化训练。

参赛的十位同学牺牲了大量的时间和精力，为参赛准备资料、查阅书籍、背题做题、强化训练，为了排练好人文演绎节目《国恨家仇春帆楼》，付出了艰苦的努力。没有一点舞台经验的五个同学，通过查阅大量的历史资料，寻找历史踪迹，分析人物关系，揣摩人物性格特点，在原有剧本的基础上不断挖掘作品内涵、深化主题、追求艺术的完美。通过切磋交流，抓住每一句台词，揣摩每一个人物的心理，甚至认真体味人物的语音、语调，很好地表现了人物的精神气质，生动而真实地展示了清末风云变幻、危机四伏的政治形势。最终使人文演绎的表演由最初的生涩不畅、错误频出，到决赛演绎时的挥洒自如、高潮迭起。勤奋和努力换来了超水平的发挥，取得了不错的成绩，得到评委和师生的一致好评。这其中的曲折、艰辛和快乐只有身在其中才能有深切的体会。

## 二、存在的问题与不足

通过参加人文知识竞赛和与各校的实战比拼，我们看到了自身的特点与优势，同时更看清了与其他院校相比自身的差距与不足。一种积极向上的拼搏精神、追求完美的坚忍执着和严谨求实的治学态度，启迪着我们，推动着我们不断前进。

在竞赛中，我们也有许多遗憾的地方，比如，对一些基本知识的理解和把握不足，一些人文基础知识、诗词佳句的掌握不够扎实，原本这是需要多读书，进行理解把握才能熟悉背诵，却因为资料的不足，导致参赛选手没有全套的竞赛用书（为竞赛学生提供的资料有些是电子书籍，虽然每人都有，却因技术的原因影响完整的阅读和背诵）；在现场答题环节，因缺少经验和技术上的准备，需要协同配合时，因为缺乏默契，出现了不少失误；参加演绎的五位同学都没有舞台表演经验，对表演的理解、把握和排练占用了大量的时间和精力，影响了人文知识的学习掌握，影响了决赛问答和抢答的成绩。

## 三、今后的努力方向

人文教育的真正使命是要唤醒学生的精神生命，大学作为培养未来国家建设人才的基地，肩负着国家和民族的重要历史使命，这就要求我们必须坚持把立德树人作为培养人才的基本任务。人文知识竞赛的开展，扩大了高职人文教育的参与面，提高了学生学习人文的积极性与主动性，提供了广大师生校内外人文交流的平台，增强了教学改革与知识竞赛的相互促进，为高职学生提供了展示与检测人文素养的舞台。

今后，我们要多向各兄弟院校认真学习，从各个方面努力提高、完善自我，尽早准备，争取在今后的比赛中取得更好的成绩！

# 人文知识竞赛是人文素养教育与职业教育结合的重要途径

北京青年政治学院大学语文教研室

人文素养与职业能力的结合是职业教育走向完美的重要标志。一个时期以来，许多人在对职业教育的认知上，一直存在着的认知误区，将培养一技之长作为职业教育的唯一目标，职业教育领域存在着重技能、轻人文的倾向。这一倾向背离了以人为本的教育理念，影响了学生的全面发展。传统社会中，一技定终身是职业发展的基本特点，然而在当代社会，知识性、人文性和职业技术的结合成为劳动者必备的职业素养。职业迁移能力、职业更新发展能力、职业社会适应能力成为劳动者必备的能力。因此，单一的一技之长已经无法适应当代社会的职业要求。人文素养作为个人的基本素养和应对社会的软实力，对于培养全面发展的职业人是必不可少的。因此，近年来，从国家层面到职业教育界，都越来越认识到人文素养教育的重要性，采取多种措施，推动和加强职业院校的人文素养教育。大学生人文知识竞赛，作为一项知识与能力相结合的综合性赛事，适逢其时地顺应了人文素养教育的历史发展趋势，对于激发高职学生的人文热情，培育校园的人文氛围，提高学生的人文素养起到了积极的作用。北京青年政治学院参加了已经举办的北京市大学生人文知识竞赛（高职组）的全部赛事，获益良多。

## 一、人文知识竞赛彰显了人文素养教育的意义和作用

人文素养教育是一个长期的潜移默化的过程。常规的人文素养教育主要通过文、史、哲、艺等方面的课堂教学或学生活动展开，长流不息但也默默无闻，很难显现出亮点。在以职业教育为核心的职业院校，人文素养教育一度处于边缘化状态。人文知识竞赛以市级档次展开，提升了人文素养教育的档次和高度，在行政组织层面显示出教育主管部门对人文素养教育的重视，客观上提高了人文素养教育的地位。北京青年政治学院作为一所以文科为主的院校，人文素养教育有一定的基础。但是，因为课程教学不像技能课程那样有具体的技能目标和操作指标引导，且有各种竞赛作为铺垫，一度处于可有可无的状态。人文知识竞

赛开展以来，学校在管理上重视、经费上支持，为人文素养教育和人文知识竞赛提供了强大的动力。学院主管领导和教务部门全力支持，并对参赛师生给予鼓励和奖励，学生在历次竞赛中成绩优秀，显现出较强的人文素养。学院在发展战略调整中，强调了人文素养教育的意义，将“人文素养、一技之长、社会责任”作为人才培养的基本目标，肯定了人文素养教育的地位和作用。

## 二、人文知识竞赛提高了学生人文素养学习热情

人文素养学习在高职学生中一直属于弱项。主要原因是生源质量参差不齐，部分学生人文基础薄弱，人文知识面比较窄，人文学习热情不够，读名著、读经典以及探讨相关人文话题的热情不够。再加上重职业能力培养的基本导向，高职学生人文学习氛围不够浓厚。大学生人文知识竞赛增强了学生参与人文素养教育活动的动力，学生中积极主动地参与各种人文活动者明显增多。以人文知识竞赛选拔赛为例，自大学生人文知识竞赛开展以来，学院学生参与热情一直没有减弱，每年都有500名以上的学生参加选拔。学生们还利用社团，开展校园读书月、征文竞赛、戏剧表演等各种活动，增强了自身的人文素养。

## 三、人文知识竞赛为推动教学改革起到了积极作用

大学生人文知识竞赛也给单一的课程教学增添了活力，为教学改革提供了可资借鉴的内容和经验。人文素养教育通过笔试、现场抢答和人文演绎等多个环节展开，每个环节都代表着人文学习的不同方式。初赛笔试对知识的高度与广度的要求，体现了人文知识竞赛以知识为本的重要特征。知识教育也是人文素养教育的重要起点。我们将知识比赛的内容和模式引入课堂，将知识考核作为大学语文等课程学习的重要指标，重点目标放在学生对人文常识的掌握上，由常识而获得知识，由知识进一步提高素养，成为教学改革的重要思路。人文知识竞赛中的人文演绎环节也给我们很大启发。人文演绎具有诵读经典、改编经典和表演经典的综合功能，它虽只有八分钟，但是能够培养学生对经典的理解能力、语言表达能力乃至获得礼仪服饰等多方面的知识，是将人文学习由静态推向动态的好形式。我们利用课堂教学、小学期等将人文演绎作为实践性的学习内容。学生通过阅读名著，自己改编剧本，自导自演等，增强了对名著的人文体验。同时，我们还让学生在改编表演的过程中，将改编体验、表演策划等写成文案，与剧本文稿一起按照编辑规范设计封面、编辑文本，使整个活动成为多层次学习、掌握人文精神和基础语文能力的过程，取得了较好的效果。

## 四、大学生人文知识竞赛提高了学生的综合能力和职业竞争力

职业竞争力在今天已经不是单一的对某种技能的熟练和精益求精的掌握，它还包含个体基本的文化素养和文化品位，包含社会交往能力、团队合作精神和基本的人格道德修养等。人文知识竞赛无疑对这一切起到了正面作用。凡是深度参与人文知识竞赛的学生，都在基本素养上有了相应的提高。参加过北京市大学生人文知识竞赛的学生，在整体修养和竞争力上都是出类拔萃的。参赛学生在竞赛准备过程中，翻阅大量的资料，阅读了很多书籍，用他们自己的话说，就是头一次这么认真集中地学习人文知识，不仅巩固了原来的知识，还增加了新知识。学生在人文演绎环节中，相互帮助和鼓励，切磋技艺、讨论剧本，为了演好一个细节，经常重复多遍。在决赛即将到来的日子里，学生们都自觉地排练到深夜，毫无怨言。在这个过程中，学生的吃苦精神、责任意识、团队合作精神都得到了锤炼，学生的人文体验也在这个过程中得到了提高。参加过市级竞赛的学生，专业综合能力都是出类拔萃的。传播系学生崔松松是 2011 年北京大学生人文知识竞赛一等奖团队成员。在校期间，他组织小剧组，表演和拍摄各种短剧。毕业后，他在工作中也不输于本科生。管理系学生刘金哲，不但认真学习专业课，而且参加各种人文活动，在 2013 年大学生人文知识竞赛中获得团队一等奖。他是学院李大钊奖学金和国家奖学金获得者，每年的奖学金就足以保证他的学习费用。参赛学生对参加人文知识竞赛充满了自豪感。在个人履历介绍中，都将人文知识竞赛获奖的经历放在显著位置。

## 五、人文知识竞赛加强了高职院校之间的交流学习

北京市大学生人文知识竞赛的举办还为高职院校的交流搭建了平台。人文类课程在高职院校中地位不突出，长期以来同类院校之间互不交往，缺少必要的交流。大学生人文知识竞赛举办以来，几乎所有高职院校都走到一起，互相学习。通过这个平台，我们了解到不少高职院校在课程设置和师资队伍建设方面都有值得我们学习的地方。

在总结大学生人文知识竞赛成绩的同时，我们也感觉到一些需要改进的地方。这些问题有些是自己的，有些是普遍的。

### （一）知识竞赛与职业性的结合需要提高

人文知识竞赛的基本特性是人文，当然要保持人文素养的独立性。但是，人

文知识如何与职业能力融合也是竞赛需要思考的问题。竞赛中，知识的广度和难度比较大，但与职业能力结合较少。知识的难度和广度是必要的，没有这样的广度和难度就体现不出人文素养与人文知识的深度和高度，体现不出市级大赛的水平。但同时，设计一些与职业素养有关的问题是有必要和值得重视的。这也是我们在举行校级竞赛时遇到的难题。

### （二）竞赛与教学的结合有待加强，竞赛的普及性也需要提高

这方面问题主要表现在目前还不能在竞赛内容和教学内容之间形成呼应。竞赛和语文教育与其他人文素养教学存在着“两张皮”现象，竞赛对大学语文等课程的教学带动力不足。我们试图通过建立课外阅读平台以及丰富教材内容给学生竞赛提供一定资源，使学生有目标地认真学习领会一些经典知识和经典作品，达到赛学结合，以赛促学，但这方面的经验还处于初始阶段。

# 感悟人文　沐浴阳光

## ——首都经贸大学密云分校2014年人文知识竞赛总结

首都经贸大学密云分校　王晓辉

2014年，我校第一次参加北京市大学生人文知识竞赛。我们本着以参赛为契机，把人文精神和精良文化传递给学生，以期提高其人文素养的目的，精心组织了一系列的人文活动。回顾整个参赛历程，收获良多。

## 一、调查、摸底阶段，为人文素养培养定好方向

### （一）开展“用人单位对高职生人文素养要求的调查”活动

2013年9月～2014年1月，我们在北京市内和郊区的20家用人单位进行了关于“用人单位对高职生人文素养的要求”的问卷调查，共发问卷100份，收回93份，经过数据比对分析，我们发现用人单位普遍认为员工的人文素养对企业的发展壮大能起到重要的作用，比如，积极上进的心态、文化修养、竞争意识、团队协作能力、语言表达能力等，而对目前高职毕业生的人文素养普遍不满意，认为我们在学校开设人文类的课程以及营造人文氛围非常有必要。这就明确了我们进行教学改革的方向。

### （二）对13级入学的新生进行摸底考试

2013年9月，我们对2013级入学的所有新生进行了一次人文素养基础的摸底考试，并对成绩进行分析，结果发现学生的人文底蕴差到让人吃惊的程度。大部分学生在文学艺术修养、语言文字表达、文字书写质量方面都远没有达标，相当多的大一学生文化品位低、审美能力差，特别是对中华民族的优秀文化遗产知道得更少，甚至连四大名著是什么都不清楚，令人难以置信。

针对摸底情况，再融入对用人单位进行调查得来的他们对毕业生人文素养的各种期望，我们在大学语文的教学中，从教材的选用到大纲的制定，再到教法的研究乃至成绩的评定方法等都进行了相应的调整。从以往偏重于语文学科的

工具性——即着重对学生听、说、读、写的训练，转为偏重于人文精神的熏陶。

在调整了教学定位之后，学生觉得上语文课多了很多趣味性，也喜欢上语文课了，而且也比原来学到了更多他们所不知道的东西，从而使其人文素养有了大幅度提高。

## 二、开办人文素养培训班，进一步扩充学生的人文知识

为了使一部分语文基础不错，在大学语文课堂上感觉“吃不饱”的同学能进一步提高人文素养，也为我校参加北京市人文知识竞赛选拔选手，我们在 2014 年 5 月成立了人文素养培训班。该培训班的设立受到了广大同学的欢迎，报名者非常踊跃，达到了二百多人。

人文培训班的培训内容包括文、史、哲、艺等多方面的人文知识，授课面宽、量大，其中的某些内容，比如，哲学、艺术、北京文化等，都与语文教师所学专业相去甚远。为了能有良好的讲课效果，我们教研室的几位教师利用课余时间大量地看书学习、查阅资料，有时为了讲好一次课甚至会花 10 多天的时间去准备。但大家从不叫苦喊累，也从不推诿扯皮，他们轮流讲课，甚至争着承担讲课任务。人文培训班的备课过程，使教师的人文知识储备量极大地提高，真正体现了教学相长。更难能可贵的是，当大家有了一个共同目标，并为此而努力奋斗时，教研室的集体凝聚力明显增强了，我们是累并快乐着。

对学生来说，人文培训班的学习效果也比较令人满意，他们学得用功，参赛积极，一心想要出去展现一下自己所学的知识。

## 三、积极参加北京市大学生人文知识竞赛，以赛促学

2014 年 10 月，我们带领两支队伍参加了在清华大学举办的人文知识竞赛初赛。初赛结束后，我们有一支队伍以较好的成绩进入了决赛。为迎接决赛的到来，我们一方面继续给学生扩充人文知识；一方面又开始了现场答题的训练。练习抢答器的使用，练习现场的团队配合，练习不同类型题目的答题技巧。通过一次次的训练，极大地增强了队员参赛获胜的信心。最难的是比赛中的人文演绎环节，需要我们自己准备剧本并指导学生进行话剧排练。我们教研室的几位教师在表演方面可以说是“门外汉”，但以任务为驱动力，我们用最快的时间编出了剧本《赵氏孤儿》，然后边演边改，边改边演，最后从台词到动作，都比较精练了。

舞台指导也是一个难题，请不起专业的舞美教师，我们只有自己教。我们三

位教师虽然都不会指导，但我们会看，就以一个观众的身份去看、去评，督促他们去改，学生也很配合。每个人都不怕辛苦地认真排练，演程婴的展晶琦，因为演出情节中有下跪的动作，为了排练出效果，跪了无数次，膝盖磕得又青又肿；演程妻的姚晨曦，为了演出一个母亲在孩子被迫交出被杀害时的撕心裂肺，也是无数次地重复排练那段台词，嗓子都喊哑了。但功夫不负有心人，最后的演出效果得到了评委和观众的高度认可。

大赛前大概有一个月的时间，我们教研室的几位教师每天几乎“长”在了学校，中午不回家，晚上晚回家，周末也要抽时间来学校给学生进行指导。大家都在为一个共同的目标而努力，每个人都尽心尽力，毫无怨言。

经过努力，决赛的成绩是获得了北京市高职组的三等奖，对于我们这种毫无参赛经验的学校，第一次比赛能取得这样的成绩，我们已经很满意了。

回顾这次参赛，虽然最终成绩还不够理想，组织过程还有这样或那样的不足，但是无论是教师还是学生，我们都得到了成长，足矣。